EL DERECHO A DECIR NO

WALTER RISO

EL DERECHO A DECIR NO

Aprenda a decir NO y
gane siendo asertivo

Planeta

Diseño de portada: Diana Ramírez
Fotografía del autor: © Cortesía del archivo personal de Walter Riso

Avenida Presidente Masarik núm. 111,
Piso 2, Polanco V Sección, Miguel Hidalgo
C.P. 11560, Ciudad de México
www.planetadelibros.com.mx

Primera edición en formato epub: marzo de 2018
ISBN: 978-607-07-4779-3

Primera edición impresa en México: marzo de 2018
Novena reimpresión en México: mayo de 2022
ISBN: 978-607-07-4771-7

Impreso en los talleres de Litográfica Ingramex, S.A. de C.V.
Centeno núm. 162-1, colonia Granjas Esmeralda, Ciudad de México
Impreso y hecho en México – *Printed and made in Mexico*

Para Rubén Hernandez,
compadre y amigo fiel.
A esa curiosa combinación
de sensibilidad y fortaleza
que lo caracteriza.
A su asertividad natural y oportuna
que no ofende ni lastima
y que siempre me deja pensar...
en voz alta.

El espíritu no debe ser jamás sometido a la obediencia.

Émile Chartier, Alain

Para que pueda ser he de ser el otro,
salir de mí, buscarme entre otros,
los otros que no son si yo no existo,
los otros que me dan plena existencia.

Octavio Paz

CONTENIDO

PRÓLOGO

Cuando los seres humanos se relacionan entre sí, se encuentran con un gran número de situaciones de exigencia social. Estas demandas pueden provenir de un amigo, un familiar, un superior o un desconocido, y adoptar la forma de ruego, mandato o favor. Aunque la respuesta natural a este tipo de requerimientos debería estar guiada por lo que uno considera más adecuado, en muchas ocasiones las personas suelen estar tan "presionadas" o "influenciadas" por los demás que terminan actuando en contra de sus propios principios, creencias o conveniencias.

Nadie nace predeterminado a ser sumiso, esto se aprende de forma paulatina, "sin darse cuenta". No es una cuestión biológica ni hereditaria, es un comportamiento aprendido y por lo tanto modificable. Hemos descubierto que si decidimos aceptar la manipulación de los demás no seremos recriminados e incluso podríamos ser reforzados por tal sumisión, y que, por el contrario, si decidimos defender nuestros derechos legítimos, la situación producirá altos niveles de ansiedad, desaprobación o culpa.

Así, poco a poco, muchas personas van desarrollando un repertorio aparentemente adaptativo, pero en realidad se van convirtiendo en "marionetas humanas" que pierden uno de los valores más importantes del ser: la dignidad.

Infortunadamente muchos individuos se habitúan tanto a la explotación y al abuso que ya no pueden procesar adecuadamente la realidad en la que viven. En estos casos, "darse cuenta" de la manipulación es un requisito imprescindible para cualquier entrenamiento asertivo posterior. El sujeto inasertivo se acostumbra tanto a las injusticias de los otros que ya no siente malestar e incluso puede llegar a percibir estos atropellos como normales: "Así debe ser". Múltiples ejemplos de la vida cotidiana confirman lo anterior: una mujer puede justificar el maltrato de su esposo aseverando: "Él es así, ésa es su manera de ser", o un empleado aceptar la agresión de su jefe afirmando: "Él busca que todo funcione bien en la empresa".

Este libro trata de abordar no solamente la falta de asertividad y cómo afrontarla, sino también el tema de los derechos personales que pueden pasar inadvertidos por mucha gente, ya sea por un mal aprendizaje, desconocimiento u olvido. Es decir, ningún tratamiento en asertividad puede llevarse a cabo de manera exitosa si el paciente primero no toma conciencia de que su dignidad personal está siendo maltratada y que por lo tanto necesita defender sus derechos.

Walter Riso, el autor de este libro, es un reconocido psicólogo clínico que posee la compleja habilidad de escribir contenidos técnicos en un lenguaje fácil, agradable y práctico, lo que resulta de gran utilidad, pues sabe llegar a sus destinatarios. La contribución del autor a la difusión de la psicología es muy extensa y apoyada por muchos de sus asiduos lectores. Quien crea que escribir este tipo de libros es tarea fácil es porque nunca lo ha intentado.

En mi opinión, el presente texto cubre tres objetivos: *a)* ayuda a prevenir los déficit de asertividad, *b)* enseña a comportarse de manera asertiva y da pautas de acción a las personas que ya tienen dificultades en este campo, y *c)* puede ayudar a descubrir la falta de asertividad en aquellos individuos que no son conscientes de sus limitaciones. Pero lo que considero más importante del libro es su enfoque, ya que demuestra que la inasertividad, además de ser un problema de habilidades sociales, es también un problema de dignidad personal.

En resumen, este material es recomendable para todo tipo de personas, más allá de su formación y profesión, por lo que aconsejo su lectura pausada y reflexiva. El lector, en todo momento, debe tener presente que en sus manos está ser una "marioneta humana" o "una persona con dignidad". No podemos olvidar que "no hay peor traición que traicionarse a sí mismo".

GUALBERTO BUELA-CASAL
Universidad de Granada,
España Febrero de 2002

INTRODUCCIÓN

En cada uno de nosotros hay un reducto de principios donde el “yo” se niega a rendir pleitesía y se rebela. No sabemos cómo surge, pero en ocasiones, aunque el miedo se oponga y el peligro arrecie, una fuerza desconocida tira de la conciencia y nos pone justo en el límite de lo que no es negociable y no queremos ni podemos aceptar. No lo aprendimos en la escuela, ni lo vimos necesariamente en nuestros progenitores, pero ahí está, como una muralla silenciosa marcando el confín de lo que no debe traspasarse.

Tenemos la capacidad de indignarnos cuando alguien viola nuestros derechos o somos víctimas de la humillación, la explotación o el maltrato. Poseemos la increíble cualidad de reaccionar más allá de la biología y enfurecernos cuando nuestros códigos éticos se ven maltratados. La cólera ante la injusticia se llama indignación.

Algunos puristas dirán que es cuestión de ego y que por lo tanto cualquier intento de salvaguardia o protección no es otra cosa que egocentrismo amañado. Nada más erróneo. La defensa de la identidad personal es un proceso natural y saludable. Detrás del ego que acapara está el yo que vive y ama, pero también está el yo lastimado, el yo que exige respeto, el yo que no quiere doblegarse, el yo humano: *el yo digno*. Una cosa es el egoísmo moral y el engreimiento insoportable del que se las sabe todas, y otra muy distinta, la autoafirmación y el fortalecimiento del sí mismo.

Cuando una mujer decide hacerle frente a los insultos de su marido, un adolescente expresa su desacuerdo ante un castigo que considera injusto o un hombre exige respeto por la actitud agresiva de su jefe, hay un acto de dignidad personal que engrandece. Cuando cuestionamos la conducta desleal de un amigo o nos resistimos a la manipulación de los oportunistas, no estamos alimentando el ego sino reforzando la condición humana.

Por desgracia no siempre somos capaces de actuar de este modo. En muchas ocasiones decimos "sí", cuando queremos decir "no", o nos sometemos a situaciones indecorosas y a personas francamente abusivas, pudiendo evitarlas. ¿Quién no se ha reprochado alguna vez a sí mismo el silencio cómplice, la obediencia indebida o la sonrisa zalamera y apaciguadora? ¿Quién no se ha mirado alguna vez al espejo tratando de perdonarse el servilismo, o el no haber dicho lo que en verdad pensaba? ¿Quién no ha sentido, así sea de vez cuando, la lucha interior entre la indignación por el agravio y el miedo a enfrentarlo?

Un gran porcentaje de la población mundial tiene dificultades para expresar sentimientos negativos que van desde la inseguridad extrema, como la fobia social, el estilo represivo de afrontamiento, el desorden evitativo de la personalidad, hasta las dificultades cotidianas y circunstanciales, como tener una pareja desconsiderada o un amigo "ventajoso" y no hacer nada al respecto.

Si revisamos nuestras relaciones interpersonales en detalle, veremos que no somos totalmente inmunes al atropello. Aunque tratemos de minimizar la cuestión, casi todos tenemos uno o dos aprovechados a bordo. No digo que debamos fomentar la susceptibilidad del paranoide y mantenernos a la defensiva las veinticuatro horas (la gente no es tan mala como creemos), sino que cualquiera puede ser víctima de la manipulación.

La explotación psicológica surge cuando los aprovechados encuentran un terreno fértil donde obtener beneficios, es decir, una persona incapaz de oponerse. Los sumisos atraen a los abusivos como el polen a las abejas.

Una paciente de cuarenta y cinco años, con el patrón típico de las mujeres que aman demasiado, y cuatro separaciones en su haber, me decía que Dios no estaba de su parte porque todas sus exparejas la habían explotado de una manera u otra. Echarle la culpa a la injusticia cósmica le impedía ver que en realidad era ella, con su estilo exageradamente complaciente, quien *atraía* a los vividores de turno. En otro caso, un señor de mediana edad, que a todo decía que "sí", se quejaba de sus socios (ya había tenido seis) porque casi siempre se quedaban con la mejor tajada. Se lamentaba de su mala suerte, cuando en realidad era *él* quien los atraía como un imán y además los *aceptaba*.

De alguna manera, los individuos ventajosos y desconsiderados detectan a los mansos/dependientes, los desnudan en la relación cara a cara, los descubren en la mirada huidiza, en el tono de voz apagado, la postura tensa, los gestos conciliadores, los circunloquios, las disculpas y la amabilidad excesiva. Los ubican, los ponen en la mira y atacan. Insisto, la idea no es crear un estilo prevenido y dejar de creer en la humanidad, sino adoptar un actitud previsora.

Entonces: ¿por qué nos cuesta tanto ser consecuentes con lo que pensamos y sentimos? ¿Por qué en ocasiones, a sabiendas de que estoy infringiendo mis preceptos éticos, me quedo quieto y dejo que se aprovechen de mí o me falten al respeto?

¿Por qué sigo soportando los agravios, por qué digo lo que no quiero decir y hago lo que no quiero hacer, por qué me callo cuando debo hablar, por qué me siento culpable cuando hago valer mis derechos?

Cada vez que agachamos la cabeza, nos sometemos o accedemos a peticiones irracionales, le damos un duro golpe a la autoestima: nos flagelamos. Y aunque salgamos bien librados por el momento, logrando disminuir la adrenalina y la incomodidad que genera la ansiedad, nos queda el sinsabor de la derrota, la vergüenza de haber traspasado la barrera del pundonor, la autoculpa de ser un traidor de las propias causas. Ni siquiera los reproches posteriores, los *hara-kiri* nocturnos y las promesas de que "nunca volverá a ocurrir" nos liberan de esa punzante sensación de fracaso moral.

¿Qué nos pasa? ¿Es tan importante la opinión de los demás que preferimos conciliar con el agresor a salvar el amor propio, o será que los condicionamientos pueden más que la autoestima? Y no me refiero a situaciones donde la seguridad personal o la de nuestros seres queridos esté *objetivamente* en juego, sino a la transgresión en la que no existe peligro real y pese a ello escapamos.

Cuando exigimos respeto, estamos protegiendo nuestra honra y evitando que el yo se debilite. En el proceso de aprender a quererse a sí mismo, junto al autoconcepto, la autoimagen, la autoestima y la autoeficacia, que ya he mencionado en *Aprendiendo a quererse a sí mismo*, hay que abrirle campo a un nuevo "auto": el **autorrespeto**, la ética personal que separa lo negociable de lo no negociable, el punto del no retorno.

Como veremos a lo largo de estas páginas, hay una herramienta psicológica, estudiada y refrendada en innumerables investigaciones, llamada **asertividad**. En el presente texto trataré el tema de la *asertividad en oposición*, referida a la capacidad de ejercer y defender nuestros derechos personales sin violar los ajenos (por ejemplo: decir no, expresar desacuerdos, dar una opinión contraria o no dejarse manipular). Dejaré el interesante tema de la *asertividad en afecto* (por ejemplo: decir "te quiero", contacto físico, dar refuerzo o expresar sentimientos positivos) para otra publicación.

El texto está dividido en tres partes. En la parte 1 se explican los principios básicos del comportamiento asertivo, sus ventajas y contraindicaciones, haciendo especial énfasis en los derechos asertivos. La parte 2 se refiere al problema de la culpa y el miedo a herir los sentimientos de los demás como uno de los mayores impedimentos para la asertividad; se retoman las creencias irracionales más comunes y se analizan dentro de un contexto cognitivo y ético, mediante ejemplos y casos.

La parte 3 toca el tema de la ansiedad social, el segundo gran impedimento para que la conducta asertiva prospere; se analiza el miedo a la evaluación negativa y el "miedo a la ansiedad". Finalmente, en el epílogo, propongo una guía de ocho pasos para organizar y "pensar" la conducta asertiva.

La asertividad es libertad emocional y de expresión, es una manera de descongestionar nuestro sistema de procesamiento y hacerlo más ágil y efectivo. Las personas que practican la conducta asertiva son más seguras de sí mismas, más tranquilas a la hora de amar y más transparentes y fluidas en la comunicación, además, no necesitan recurrir tanto al perdón porque al ser honestas y directas impiden que el resentimiento eche raíces.

Este libro recoge la experiencia de más de veinte años en el tema, tanto en investigación como en la experiencia clínica individual y grupal. Está dirigido a cualquier persona que quiera pensarse a sí misma en un contexto de dignidad personal, donde el amor propio no riña con la ética, la amistad, la empatía o la consideración por los otros: la persona asertiva se resiste a *toda* forma de humillación.

Hay una zona intermedia entre la sumisión obsecuente y la agresión enfermiza en la que se realza la verdadera capacidad humana de reconocerse individual sin ser individualista, de cuidarse a sí mismo sin descuidar a los demás y de crear salud mental aprendiendo a expresar adecuadamente lo que se piensa y siente.

PARTE 1

ENTENDER LA ASERTIVIDAD

¿QUÉ SIGNIFICA SER ASERTIVO?

1. Ni sumisión ni agresión: asertividad

Decimos que una persona es asertiva cuando es capaz de *ejercer* y/o *defender* sus derechos personales, como decir "no", expresar desacuerdos, dar una opinión contraria y/o expresar sentimientos negativos sin dejarse manipular, como hace el sumiso, y sin manipular ni violar los derechos de los demás, como hace el agresivo.

Entre el extremo nocivo de los que piensan que el fin justifica los medios y la queja plañidera de los que son incapaces de manifestar sus sentimientos y pensamientos, está la opción de la asertividad: una forma de moderación enfática, similar al camino del medio que promulgaron Buda y Aristóteles, donde se integra constructivamente la tenacidad de quienes pretenden alcanzar sus metas con la disposición a respetar y autorrespetarse. Veamos algunos ejemplos.

Un caso de sumisión

Mauricio es psicólogo clínico y tiene serios problemas con el manejo de sus pacientes. Muchos de ellos no vienen a las citas, llegan tarde o simplemente no pagan.

Su secretaria colabora bastante en el caos administrativo ya que es muy desordenada y poco eficiente. Mauricio teme el rechazo de la gente y en especial a quedar mal con sus pacientes. Su cartera vencida es enorme, y aun queriendo hacer algo al respecto, no hace nada. No sólo está inmovilizado, sino que, inexplicablemente, se muestra "comprensivo" con los clientes incumplidos. En su interior hay un volcán próximo a estallar, hay violencia acumulada. Es probable que en algún momento de ira, algunos de sus pacientes salgan psicológicamente lastimados. El comportamiento de Mauricio puede considerarse *no asertivo* (sumiso). Las personas no asertivas piensan, sienten y actúan de una manera particularmente débil a la hora de ejercer o defender sus derechos. Los pensamientos típicos que las caracterizan pueden resumirse así:

1. "Los derechos de los demás son más importantes que los míos".
2. "No debo herir los sentimientos de los demás ni ofenderlos, aunque yo tenga la razón y me perjudique".
3. "Si expreso mis opiniones seré criticadoo rechazado".
4. "No sé qué decir ni cómo decirlo. No soy hábil para expresar mis emociones".

Como veremos más adelante, los individuos sumisos suelen mostrar miedo y ansiedad, rabia contenida, culpa real o anticipada, sentimientos de minusvalía y depresión. La conducta externa es apocada, poco expresiva, con bloqueos frecuentes, repleta de circunloquios, postergaciones y rodeos de todo tipo. Incluso pueden actuar de una manera diametralmente opuesta a sus convicciones e intereses con tal de no contrariar a los otros. Su comportamiento hace que la gente aprovechada no los respete.

Es importante destacar que la mayoría de las personas tiene algo de inasertivo. No es necesario cumplir cada uno de los criterios técnicos señalados o estar en el extremo del servilismo para que la dignidad esté fallando.

Un caso de agresividad

Lina es una médica famosa por su antipatía. No sólo regaña a las angustiadas mamás por sus "ilógicas" preocupaciones frente a la salud de sus hijos, sino que incluso amonesta a los pequeños que van a su consultorio. Sonríe poco, es seca, habla duro y su tono de voz es áspero. Cuando está discutiendo con alguien, abre los ojos de manera amenazante, manotea, pierde fácilmente el control y no mide sus palabras. Los colegas reconocen que es una buena profesional, pero le temen a sus reacciones agresivas. Ella piensa que los más fuertes deben imponerse a los más débiles y que la gente torpe merece ser castigada. Su premisa es demoledora: "Yo soy más importante que tú: lo que pienses y sientas no me interesa".

Lina es una mujer *agresiva*, acaba de cumplir cuarenta y dos años, está casada y tiene tres hijos hombres. La creencia que rige su comportamiento es que *sus derechos son más importantes que los derechos de otras personas.* Su comportamiento infunde temor, mas no respeto.

Un caso de asertividad

Marta ha sido víctima de una suegra entrometida durante más de cuatro años. Su marido es el menor de ocho hermanos, el único hombre y el consentido de su madre. Cuando supo que se iba a casar, la señora lloró semanas enteras y odió profundamente a su futura nuera. No obstante, con el correr del tiempo aprendió a soportarla como a un mal necesario. Luego de que se casaron, la suegra de Marta comenzó a vigilar de cerca los intereses de su hijo y a dirigir personalmente los quehaceres de la casa, las comidas, el arreglo de la ropa, la decoración, las vacaciones, en fin, casi todo tenía que ver con ella.

Marta decidió pedir ayuda profesional y, luego de unas semanas, entendió que si quería mantener su matrimonio a salvo, debía ser asertiva con su madre política. Pese a los arrebatos de ira, las pataletas y las quejas de la indignada señora, Marta fue capaz de expresar sus sentimientos sin ser *agresiva ni sumisa*, sino asertiva.

En una de las tantas intromisiones, Marta le expresó lo siguiente, en tono firme, pero cortés: "Mire, voy a decirle algo que está molestándome desde hace tiempo y quizás por miedo o respeto he evitado decirle. Entiendo que sus intenciones son buenas y lo que usted quiere en realidad es cuidar y proteger a su hijo. Mi casa es su casa y tiene las puertas abiertas, yo la estimo y siempre será bienvenida, pero quiero que tenga presente que algunos de sus comportamientos me incomodan porque me siento invadida en mi espacio y mi privacidad. Mi marido y yo necesitamos más intimidad y tomar nuestras propias decisiones. Le aseguro que nunca voy a lastimar a su hijo intencionalmente, confíe en mí".

La señora reaccionó como lo hace cualquier persona no acostumbrada a la asertividad: se sintió profundamente ofendida y se alejó indignada. Sólo al cabo de unos meses aceptó ser más discreta y no meterse tanto en la relación de su hijo.

Marta actuó asertivamente. Y aunque posiblemente no lo dijo a la perfección, ya que se puso roja y tartamudeó un poco, logró su cometido: poner a la suegra en el lugar que le correspondía, lejos de su hogar. No fue sumisa porque peleó contra el miedo y dijo lo que pensaba, es decir, *defendió su derecho a la intimidad*. No fue agresiva porque no insultó a su suegra, no le faltó al respeto e incluso hizo énfasis en que la quería. Marta fue digna, pese al costo y a la manipulación familiar.

Un caso de asertividad en el que la meta es sentar un precedente

Aunque Marta logró *modificar la conducta de su oponente*, la asertividad no siempre alcanza este objetivo. Hay ocasiones en que es imposible producir un cambio en el entorno. En tales casos el comportamiento asertivo se dirige a la emoción y no al problema, es decir, a regular el estado emocional mediante la expresión honesta de lo que nos está haciendo sentir mal. En muchas circunstancias expiar, decir, manifestar, sacar la vieja información y "derramar" lo que nos mortifica puede ser tan sano y recomendable como modificar el ambiente externo.

Los datos disponibles en psicología de la salud son contundentes al demostrar que la expresión del sentimiento de insatisfacción o de ira es beneficiosa, tanto para la autoestima como para el organismo[1, 2, 3]. La conducta asertiva *no necesariamente* debe generar un cambio en los demás, aunque a veces lo logra. Hay que tener en cuenta que la expresión de la propia emoción es importante en sí misma[4].

Recuerdo el caso de una joven preadolescente a quien la mamá, luego de haberle dado permiso para ir al cine, se retractó y le dijo que no podía ir. La muchacha, que tenía una cita "amorosa" de carácter impostergable, no demoró en pedir explicaciones por el cambio de parecer de su madre. Después de un intercambio prolongado de opiniones y requerimientos de parte y parte, la conclusión maternal fue categórica: "¡No, porque no, y punto!" Ante semejante posición y viendo la imposibilidad de asistir a su cita, la joven se retiró indignada a su cuarto. Al cabo de unos minutos, regresó con una carta que acababa de escribir y la leyó en voz alta. La proclama decía:

> Mira, mamá, yo soy menor de edad y tú tienes el control, pero eso no significa que todo lo que tú digas esté bien, porque después de todo, aunque no lo creas, eres humana y puedes equivocarte. No acepto un: "¡No, porque no, y punto!" Y a pesar de que no vaya al cine, quiero que sepas que no estoy de acuerdo con la manera impositiva en que haces las cosas. Quiero dejar constancia de la injusticia que se está cometiendo en esta casa conmigo. Y también quiero dejar claro, que aunque tengas el derecho a cambiar de opinión, yo tengo el derecho a que se me den explicaciones razonables y a discrepar. Dialogar es mejor que imponer. Me quedo sin salir, pero no me gusta lo que ocurrió.

Cuando terminó su discurso, le entregó una copia de la misiva a su madre, una al papá y otra al hermano menor que apenas sabía leer. Después agregó: "Ya me siento mejor", y se retiró a sus "aposentos" con cara de misión cumplida. La señora, desconcertada y sin saber qué hacer, decidió pedir ayuda. Cuando llegó a mi consultorio expresó así su motivo de consulta: "Quiero que vea a mi hija, doctor... Se me está saliendo de las manos, está cada vez más grosera y maleducada... No sé qué voy a hacer..." Ambas fueron mis pacientes.

Repito: *Dejar constancia de la divergencia y expresar un sentimiento de inconformidad, aunque no genere un cambio inmediato en el ambiente, es un procedimiento que fortalece la autoestima y evita la acumulación de basura en la memoria.*

Es mejor decirlo "aquí y ahora" que tratar de sacarlo después cuando el problema ya echó raíces en el disco duro.

2. La asertividad debe calibrarse

Muchas personas que intentan pasar de la sumisión a la asertividad se exceden de revoluciones y caen en la agresividad. No obstante, el mecanismo pendular sumisión/agresión va acomodándose hasta encontrar un equilibrio funcional y saludable[5,6]. Mientras ello ocurre, hay que estar atento.

Sofía estaba casada con un hombre que la maltrataba psicológicamente. Su motivo de consulta era claro y específico: "Quiero hacerme respetar... Me siento muy mal conmigo misma... Cuando él me insulta o me hace a un lado, me quedo callada como si yo mereciera el castigo... No sé defenderme y además creo que le tengo miedo... Me cansé de agachar la cabeza... Quiero hacer algo al respecto..." Sofía había dado el primer paso.

Cuando le expliqué los principios de la asertividad y lo que perseguía el tratamiento, los ojos le brillaron: "¡Eso es lo que necesito!" Le di a leer un folleto y le dije que tendríamos unas citas previas de evaluación para profundizar sobre otros aspectos de su vida. A la semana siguiente regresó con una gran novedad: "Doctor, esta técnica es maravillosa. El sábado por la noche llegamos de una fiesta y él empezó a agredirme verbalmente como hace siempre. Yo, de inmediato, me acordé de lo que usted me había dicho sobre la defensa de mis derechos. Entonces tomé un portarretratos y se lo tiré directo a la cabeza... Él se asustó tanto que no hizo nada... Le corté un poco la frente... Pero se lo merecía... ¡Y todo gracias a usted, doctor!" Me sentí como un militar asesorando a un futuro mercenario. Ella estaba eufórica y no hacía más que disfrutar de su "gran momento de asertividad".

A Sofía le ocurrió lo que a muchas personas oprimidas: la acumulación tóxica hizo explosión. El entrenamiento asertivo había servido de detonante y yo de excusa. Después de una larga sesión pedagógica, ella volvió a la realidad: "Usted no fue asertiva, fue agresiva. El objetivo de la asertividad no es lastimar a otro sino defenderse y autoafirmarse, sentar precedentes de inconformidad e *intentar* modificar un comportamiento que viola nuestro territorio. Pero, a veces, por más asertividad que usemos, es imposible producir un cambio significativo en la otra persona. En estos casos es mejor recurrir a otras alternativas. Por ejemplo, si alguien pretende abusar sexualmente de usted, la asertividad no le serviría de nada. No está diseñada para la violencia física, aunque puede ayudar. Frente al supuesto violador, el karate o la defensa personal sería sin duda una mejor opción que la expresión honesta de sentimientos. Pero usted *agredió físicamente* a una persona que sólo la agredía verbalmente, eso hizo que su posición perdiera fuerza y autoridad moral".

Su réplica no tardó en llegar: "¿Y qué propone usted? ¿Debería haberme quedado quieta y dejar que me insultara como siempre?" Le respondí que evidentemente no: "De ninguna manera. Usted puede ser enfática, expresar su ira de una forma adecuada y decir que no está dispuesta a seguir soportando ese trato. Independientemente de la respuesta de su marido, usted habrá expresado y dicho lo que sentía con pundonor".

Sofía estaba decepcionada de su terapeuta: "¡Valiente gracia! ¿Y de qué me sirve eso? ¿Usted cree que mi solución es quedarme ahí como si nada?" Entonces le respondí: "Usted lo ha dicho. Hay veces en que la vida nos pone entre la espada y la pared y nos obliga a tomar una decisión crucial. Usted está en ese punto de la encrucijada. La asertividad le permite abrir la válvula de presión para que ejerza el derecho a la oposición, pero si su marido continúa con su conducta y se niega a respetarla, puede hacer uso del *derecho a irse*, que es mucho más concluyente que el derecho a la réplica. La asertividad le permite agotar posibilidades, a la vez que la convierte en participante activa y no pasiva de la situación. Puede partirle un palo en la cabeza o encerrarlo en un armario, pero su liberación debe comenzar por lo psicológico. Usted no debe destruir a su marido, sino al miedo que le impide actuar". Finalmente Sofía se separó. La asertividad le permitió abrir el camino que va de adentro hacia afuera.

En otro caso, un joven profesor y abogado se sentía agredido por sus estudiantes, quienes se reían a sus espaldas, no le prestaban atención en clase y le mandaban notas burlándose de su vestimenta, el cabello y la estatura. Algunos de ellos le hacían preguntas jactanciosas y otros simplemente lo ignoraban. Tres veces por semana su adrenalina llegaba al techo y su autoestima al subsuelo. Había comenzado a tener alteraciones del sueño, ansiedad flotante, dolores musculares e irritabilidad manifiesta.

Cuando mi paciente descubrió la herramienta de la asertividad, sintió un gran alivio: "No soy el único, al fin podré defenderme". Dos semanas después llegó a la consulta con paso firme y seguro. Se veía más alto y su barbilla apuntaba al techo, su porte era arrogante, como los abogados que pertenecen a bufetes importantes. Entonces dijo con orgullo, "¡La mayoría reprobó el examen!"

No niego que a veces la venganza puede hacernos cosquillas y provocar en nosotros una risita malévola involuntaria, pero como ya dije, la asertividad no pretende hacer una apología de la violencia. El autorrespeto no se logra destruyendo a los que nos molestan, sino desenmascarándolos con valentía. Y como vimos en el caso de Sofía, si la asertividad no es suficiente, siempre está la alternativa de la renuncia digna y valiente. En la parte 3, retomaré el tema del coraje.

El joven abogado, a medida que avanzó en su tratamiento, logró calibrar y reajustar las fluctuaciones de la asertividad hasta encontrar su propio estilo personal. Finalmente, no sin esfuerzo, pudo sobrevivir al grupo.

La asertividad es una herramienta de la comunicación que facilita la expresión de emociones y pensamientos, pero no es un arma destructiva como la utilizan los agresivos. Está diseñada para *defenderse inteligentemente.* Cuando la ponemos al servicio de fines nobles, la asertividad no sólo se convierte en un instrumento de salvaguardia personal, sino que nos dignifica.

3. CUÁNDO NO ES CONVENIENTE SER ASERTIVO: CONTRAINDICACIONES, LIMITACIONES Y MALOS ENTENDIDOS

Hay ocasiones en que la conducta asertiva puede resultar *objetivamente contraindicada* y/o *socialmente inconveniente.* En cada caso, el balance costo/beneficio y los intereses personales marcarán la pauta a seguir. Ser asertivo entraña una toma de decisión donde el sujeto debe sopesar los pros y los contras, y resolver si se justifica o no, actuar asertivamente (ver la *Guía para organizar y "pensar" la conducta asertiva*, propuesta en el epílogo).

Este proceso de valoración es similar a cualquier estrategia de resolución de problemas[7,8] o de afrontamiento[9,10], pero también implica una dimensión ética, es decir, una actuación racional guiada por la convicción personal de que estoy haciendo lo correcto[11].

Un estudiante de trece años prefirió denunciar por acoso sexual a uno de sus profesores, antes que guardar silencio, aun a sabiendas de que su puesto en el colegio corría peligro. Luego de una detallada investigación, el rector expidió una resolución por medio de la cual se retiraba al alumno del plantel por carecer de "espíritu conciliador y religioso". La determinación no tomó por sorpresa al joven y a sus padres, quienes *estaban preparados* para las posibles consecuencias: habían asumido los riesgos y estaban listos para enfrentarlos.

Por desgracia, los eventos cotidianos no siempre permiten un espacio de reflexión, donde de manera consciente y premeditada podamos anticiparnos a los hechos y desplegar estrategias rápidas y eficientes de respuesta. De todas maneras, cuando una persona incorpora la conducta asertiva a su repertorio y la ensaya suficientemente, la capacidad de defenderse se automatiza y ya no hay que "pensar tanto" antes de actuar. Nos volvemos más ágiles y sueltos a la hora de responder.

La habilidad de *discriminación*, de saber *dónde* y *cuándo* es recomendable ser asertivo, forma parte de todos los protocolos de habilidades sociales[12, 13,14]. Por ejemplo, decirle al presidente de la empresa donde uno trabaja que tiene mal aliento no solamente es imprudente sino estúpido. Nadie tiene un principio "moral" que diga: "Ninguno de mis semejantes deberá tener mal aliento", por lo tanto es negociable. Los fanatismos son siempre perjudiciales, aunque estén disfrazados de asertividad. De manera general, podemos señalar tres tipos de contraindicaciones, donde no es recomendable ser asertivo.

Cuando la integridad física puede verse afectada

En medios sociales altamente violentos, *donde la vida ha dejado de ser un valor*, es necesario reservar la asertividad sólo para momentos relevantes y específicos, cuando la integridad física no corra riesgos. A nadie con uso de razón se le ocurriría ser asertivo con alguien que le está apuntando con un revólver: "Señor, quiero sentar una enérgica protesta por su conducta delincuencial y que atenta contra mis derechos como ciudadano".

Volvemos otra vez al balance y a las consideraciones sobre lo que es vital para el individuo y lo que no vale la pena. Existen casos en que el afectado decide que el riesgo es justificable por motivos ideológicos, religiosos o de otro tipo, y acepta ser asertivo, a pesar del costo.

Cuando se puede lastimar innecesariamente a una persona

Si la asertividad puede lastimar a otra persona de manera innecesaria, la decisión debe revisarse. Las personas que derraman sinceridad ácida por los cuatro costados son insoportables: "No me gustan tus zapatos", "No me gusta cómo hablas", "Me aterran tus chistes", "No comas así", "Tienes caspa", "Estás gorda", en fin, el rosario de los que padecen de quisquillosidad crónica. La insensibilidad por el dolor ajeno no se compadece con la defensa de los derechos. Una paciente se ufanaba de haber sido asertiva con su empleada de limpieza porque le había dicho que el vestido que ésta había comprado con esfuerzo y ahorro sostenido era horripilante.

La vida está llena de mentiras piadosas, bellas, tiernas y humanistas. Fromm sostenía que la pregunta sobre si el hombre es lobo o cordero, bueno o malo en esencia, carecía de sentido o estaba mal formulada, porque el problema no era de sustancia, sino de contradicción interna; una contradicción inherente al hombre que lo empuja a buscar soluciones. En sus palabras:

> Si la esencia del hombre no es el bien ni el mal, el amor o el odio, sino una contradicción que exige la búsqueda de soluciones nuevas, entonces el hombre puede realmente resolver su dilema, ya de un modo regresivo o de un modo progresivo[15].

Es decir, podemos elegir, no estamos determinados biológicamente para asesinar ni hacer la guerra, no hay una tendencia que nos lleve inexorablemente a eliminar al otro, no al menos en el hombre que posee la capacidad de conocerse a sí mismo. Puedo elegir si voy a lastimar o no, soy responsable de mis actos, y ésa es la posición progresiva: dejar que las fuerzas humanas que viven en cada uno puedan desarrollarse.

Sartre[16] sostenía que creamos nuestra esencia en la medida que existimos. En realidad, todo asertivo es un existencialista en potencia, una persona "condenada a ser libre" y a ser dueño de sus propias acciones. Los psicólogos llamamos a esta percepción de control *punto de control interno* ("Yo soy el último juez de mi conducta", "Yo organizo mi destino", "Yo tengo el control de mi vida"), que en última instancia no es otra cosa que la puesta en práctica de la filosofía sartreana de libertad responsable. La sinceridad puede ser la más cruel de las virtudes, cuando se la priva de excepciones. En la parte 2 profundizaré estos aspectos.

Cuando haya un costo social significativo

Un punto que causa escozor entre los que comienzan a ensayar la conducta asertiva es el *costo social*. La sorpresa es mayúscula, porque la cantidad de "amigos" suele reducirse a la mitad. Tal como lo demuestran los estudios sobre la percepción social de la asertividad, a mucha gente le disgusta la honestidad directa, aunque sea empática y moderada[17,18].

Si una persona es muy dependiente de la aprobación y considera la adecuación social como un valor altamente deseable, la asertividad puede resultarle francamente desagradable, un exabrupto de mal gusto. Cuando alguien está intentando hacer nuevos contactos y mejorar sus habilidades para vencer la soledad, es mejor poner la asertividad en remojo por unos días. No hablo de eliminarla (eso sería un atentado contra la salud mental), sino de subir el umbral de tolerancia para facilitar el contacto inicial con desconocidos. La mayoría de los asertivos tiene pocos, pero buenos amigos.

Los autores también hablan de una *asertividad situacional*, es decir, la posibilidad de que uno pueda ser asertivo en una situación determinada, pero no en otras. Por ejemplo, hay personas que pueden defender sus derechos adecuadamente en el trabajo, pero son incapaces de negarse a los pedidos irracionales de su esposa o esposo. Otros pueden expresar sin dificultad enojo a desconocidos y amigos, pero mostrarse incapaces de enfrentar a ciertos miembros de la familia. Cada dominio de intercambio personal (con conocidos, pareja, padres, extraños, figuras de autoridad o relaciones profesionales) constituye una dimensión especial donde la asertividad puede darse o no. No obstante, en nuestra experiencia, las personas tímidas, emocionalmente dependientes, represoras e introvertidas parecen estar caracterizadas por lo que podríamos llamar una *personalidad inasertiva*.

EL PODER DE LA ASERTIVIDAD: ¿POR QUÉ ES BUENO SER ASERTIVO?

1. La asertividad fortalece el amor propio y la dignidad

Para exigir respeto debo empezar por respetarme a mí mismo y reconocer aquello que me hace *particularmente valioso*, es decir: *debo quererme y sentirme digno de amor.* Precisamente, la dignidad personal es el reconocimiento de que somos merecedores de lo mejor. Así como nos sentimos amados e importantes cuando alguien nos defiende y nos cuida, de igual manera la autoestima sube como espuma cuando nos resistimos a ser sacrificados, utilizados o explotados.

Si acepto pasivamente la injusticia o la ofensa, estoy admitiendo en los hechos que *merezco ser tratado indebidamente.* Ésa es la razón por la cual los que tienen pocas habilidades sociales y carecen de asertividad sufren de depresión[19]. Un paciente que sufría de ansiedad social y depresiones frecuentes llegó a una conclusión interesante, un *insight* revelador, que no había procesado antes de manera categórica: "¡Si no me quiero yo, quién me va a querer!" Muchos pacientes deprimidos mejoran ostensiblemente con el entrenamiento asertivo porque rompen el esquema de desamor al que inevitablemente llevan los patrones de sumisión.

Siguiendo a Savater[20], podemos decir que la dignidad humana implica, al menos, cuatro condiciones:

a. No ser un instrumento para otros fines distintos a los propios.
b. Ser autónomo en las propias decisiones.
c. Ser tratado de acuerdo con sus méritos y no con circunstancias aleatorias como raza, etnia, clase social o preferencia sexual, es decir, no ser discriminado por esas razones.
d. No ser abandonado, despreciado o rechazado afectivamente.

El punto *a* es lo que Kant denominó el *imperativo categórico* o moral:

> En todas sus acciones, no sólo las dirigidas a sí mismo, sino las dirigidas a los demás seres racionales, el hombre debe considerarse siempre al mismo tiempo como un fin[21].

Veamos un caso donde se tuvieron en cuenta los cuatro postulados de la dignidad personal para que una paciente pudiera ser asertiva.

Gloria era una mujer de treinta y seis años, de origen salvadoreño, casada con un hombre dedicado a las finanzas. Su vida giraba alrededor de sus tres hijas y su marido. Era una mujer tímida, recatada, pero astuta e inteligente. Al llegar a la consulta estaba deprimida y una sensación de vaguedad e incompletud la acompañaba casi todo el tiempo. Por lo general, esta sensación fragmentada suele estar asociada a la imposibilidad de desarrollarse como persona: el "sentido de vida" del que habla Viktor Frankl. La impresión sentida de que algo nos falta.

Había una mortificación latente en Gloria que no había hecho consciente. Aunque su esposo la quería, la relación afectiva tenía una pata coja. Gloria sentía que su marido no la admiraba, la limitaba en unas cosas y la subestimaba en otras. En ocasiones, solía burlarse "amigablemente" de sus gestos, su acento salvadoreño y su etnia. El hombre era un "tomador de pelo" crónico y Gloria era uno de sus blancos preferidos, sobre todo en público.

Cuando la ofensa tiene un carácter leve o sutil y está amparada bajo un supuesto sentido del humor, la mente termina acostumbrándose a los agravios. El autoengaño adopta distintas formas de justificación: "No es tan grave", "Unas cosas por otras" o "Hay cosas peores". Sin embargo, como dice el refrán, *La procesión va por dentro*. No podemos resignarnos a la descortesía de la persona que amamos, por más "delicada" y lúdica que sea, sobre todo si se repite sistemáticamente. La inasertividad y el silencio obsecuente de Gloria no hacían más que avalar la conducta agresiva y machista de su marido.

Durante la etapa inicial de la terapia, la introduje al tema de la asertividad, le di material relacionado con la importancia de defender y ejercer los derechos personales, y le propuse que revisáramos los cuatro aspectos que definen la dignidad humana, para ver si en su vida afectiva algunos de ellos no se cumplían. Al principio no le encontró mucho sentido porque quería respuestas prácticas y concretas, pero finalmente aceptó.

Mi hipótesis era que si Gloria lograba *comprender racionalmente* dónde se originaba su sentimiento de indignación, podría actuar de manera asertiva, sin culpa ni miedo. Mi experiencia como terapeuta es que si estamos convencidos hasta los huesos e integramos hasta la última célula del cuerpo en el debate, el comportamiento será mucho más efectivo.

Le expliqué que muchas veces, debido a miedos y creencias irracionales, terminamos acostumbrándonos a situaciones abiertamente desagradables e incómodas, y que la única manera de salir de este atolladero es ver las cosas como son, realista y descarnadamente.

Terapeuta: ¿Te sientes utilizada por tu esposo?
Gloria: Nunca lo había pensado en esos términos...
No, no es un hombre aprovechado...
Me siento mal hablando de esto, él es un buen hombre...
Terapeuta: Nadie lo niega, la idea no es difamarlo sino ver cómo te sientes. Tú lo amas, y eso está bien. Quiero que pienses desde el amor...
Gloria: A veces me siento mal en lo sexual...
Él no se preocupa demasiado por mí...
No es que me sienta como un objeto...
Bueno, un poco... Me gustaría que fuera más cariñoso durante la relación y que si yo no tengo deseos, pues que lo entienda...
En ocasiones me obliga a hacerlo...
Terapeuta: ¿Crees que puedes ser autónoma en tus decisiones o te sientes impedida en algún sentido?

Gloria: Me gustaría estudiar, pero con las niñas es difícil...
Están muy pequeñas.

Terapeuta: Ya van al colegio, ¿verdad?
¿Qué horario tienen?

Gloria: De siete de la mañana a tres de la tarde.

Terapeuta: ¿Y en ese tiempo no podrías dedicarte a otras cosas de tu interés?

Gloria: No, no tengo apoyo.

Terapeuta: ¿De quién necesitas apoyo?

Gloria: De mi marido y de mi madre...
Ella vigila siempre mi desempeño como mamá...
Y él piensa que no es el momento, que quizás más adelante...
Las niñas me necesitan...
Incluso si quiero salir con una amiga, suele haber problemas...
En ocasiones siento que mis cosas no son importantes...
Pienso que mi esposo las subestima...

Terapeuta: ¿Crees que eres tratada de acuerdo con tus méritos o que existe algún tipo de discriminación hacia ti?

Gloria: (silencio)

Terapeuta: ¿Te la repito?

Gloria: No, no... Pensaba...
Algunos amigos nuestros... y también mi esposo, se burlan de mi nacionalidad...
Yo sé que no lo hacen por malos, pero siempre me recuerdan que soy extranjera...
Cada vez que pueden hacer algún

comentario sobre lo subdesarrollado
que es El Salvador o lo horrible
que es su comida típica, mi acento,
en fin...
No me siento respetada, me ofende
que se burlen de mis orígenes...
En especial mi marido...

Terapeuta: ¿Crees que has sido abandonada o descuidada en algún sentido?

Gloria: Creo que sí... Sí...
No me siento amada ni admirada...
Es triste reconocerlo... Me duele...

Terapeuta: Pienso que el ejercicio ha sido útil. No te sientes tratada dignamente, ése es tu malestar. En las cuatro preguntas que te formulé hubo "peros", insatisfacciones, aflicción, te dolían las respuestas que dabas porque te mostraban una realidad que no querías ver. No hace falta que nos golpeen físicamente para que nos lastimen. De todas maneras, pienso que tu esposo te quiere y que solamente hay que enseñarle a relacionarse de una forma más constructiva y respetuosa contigo. Tú puedes hacerlo, si eres asertiva.

Gloria *tomó conciencia* de que su dignidad personal estaba siendo vulnerada. La *reflexión racional* le dio más seguridad a la hora de actuar y le permitió justificar el cambio que deseaba. En otras palabras, legitimó su sentimiento y se autorizó a sí misma a ser asertiva. En muy poco tiempo, no sólo logró que su marido y su madre la tomaran más en serio, sino que comenzó a validar su bachillerato para ingresar a la universidad.

Podría argumentarse que Gloria debió haber hecho caso omiso de las burlas y opiniones de los demás, esposo y mamá incluidos. Pero ésta es una posición artificiosa y alejada de la realidad. Nos guste o no, somos seres "yoicos": tenemos una identidad que defender si no queremos perder la cordura. Gloria no era una mujer quisquillosa, hipersensible o paranoica, sólo se trataba de alguien que quería poner límites razonables y ejercer sus derechos.

La influencia orientalista poco seria ha estigmatizado al "yo", como si el "sí mismo" fuera una mala palabra. Muchos fanáticos de la Nueva Era, no muy bien informados, suponen que defender la condición humana y autoafirmarse en la asertividad es alimentar el ego. Incluso para muchas de estas personas, la autoestima y cualquier otro "auto" son sospechosos de narcisismo. El error es mayúsculo.

No somos bancos de niebla a la deriva, aunque podemos jugar a saerlo si es necesario. El asunto no consiste en apagar nuestros impulsos naturales en aras de una tolerancia mal entendida, sino en saber cuándo se justifica encenderse (sin incendiarse) y comportarnos de manera sostenida y valiente. Ni siquiera el mal entendido "conformismo budista" escapa a este principio. En su sabiduría, el Dalai Lama dice:

> En todo lo anterior no he querido de ninguna manera dar por supuesto que no haya ocasiones en las que sea apropiado responder ante los demás tomando fuertes medidas. Practicar la paciencia en el sentido que he procurado describir tampoco significa aceptar todo lo que los demás quieran hacernos y ceder a sus deseos sin más[22].

La *resistencia paciente* del budista no es pasividad sino una estrategia para que los pensamientos y las emociones negativas no se apoderen de la mente y alteren el comportamiento. La asertividad, además de proteger nuestro amor propio, nos permite modular la violencia interior, para acceder a la dignidad de una manera inteligente.

2. La asertividad permite una mejor defensa psicológica y nos hace más seguros

Cuando somos asertivos, se reduce la discrepancia entre el yo real y el yo ideal. Cada vez que ejecutamos una conducta asertiva se genera una retroalimentación, que nos dice: “Fuiste capaz”. Sube el yo real.

Cada vez que ejercemos el derecho a expresar nuestras opiniones y sentimientos, el yo real crece, se afianza, se descubre a sí mismo, se asombra de sus capacidades. Y, entonces, el yo ideal no se ve tan lejos.

Una analogía que describe adecuadamente el estilo asertivo es la del campeón de karate. Si el karateca ha internalizado correctamente su aprendizaje, sólo lo utilizará en defensa propia y cuando sea estrictamente necesario, pero sabe que posee la habilidad. El esquema nuclear de toda persona asertiva es de fortaleza, de seguridad. Es lo opuesto a la trama mental del dependiente, que todo el tiempo cree que es débil y que deben protegerlo para sobrevivir. La asertividad y el entrenamiento en habilidades sociales es uno de los tratamientos complementarios más utilizados para pasar de la *debilidad percibida* a la *fortaleza percibida*[23,24].

3. La asertividad facilita la libertad emocional y el autoconocimiento

Una de las áreas de acción más interesantes y prometedoras de la psicología aplicada es la psicología preventiva, cuyo objetivo es anticipar las dolencias psicológicas y promocionar la salud física y mental[25]. De allí nace la autoayuda seria y profesional.

Dentro de este esquema de prevención, la asertividad nos ayuda a experimentar e integrar las emociones a nuestra vida. Cuando expreso lo que pienso y siento, libero la mente y sano mi cuerpo. Me doy la oportunidad de observarme a mí mismo en relación con los otros, me descubro y me comprendo en cada acción y reacción del intercambio. Las investigaciones muestran que la expresión asertiva de la ira y, de las emociones en general, permite prevenir enfermedades y mejorar la calidad de vida[26].

Las personas emocionalmente inhibidas y no asertivas, como las que utilizan un *estilo represivo de afrontamiento* ("No quiero sufrir más") o un *patrón alexitímico* ("No entiendo las emociones"), son incapaces de relacionarse con el mundo afectivo exterior e interior. Sin inteligencia emocional y sin asertividad, no podemos disfrutar la vida, ni comprenderla.

4. La asertividad ayuda a resolver problemas y a mejorar la comunicación

La asertividad permite relaciones más funcionales, más directas y auténticas. Es un método de comunicación por excelencia, donde la honradez y la transparencia son determinantes. Ésa es la razón por la cual se utiliza frecuentemente en terapia de pareja o en el entrenamiento en habilidades de comunicación[27,28].

Pablo era un hombre que nunca decía lo que pensaba, si ello implicaba confrontación. Era aislado y supremamente reservado. Su mujer, por el contrario, era ruidosa, exigente e hiperactiva. Durante veintidós años vivieron una relación incompleta. Ella esperaba el milagro de que su marido expresara emociones, y él anhelaba una sordera que le permitiera no escuchar más las quejas de su mujer.

Él asistió a mi cita porque su esposa le había dado un ultimátum. Los requerimientos de la mujer podían resumirse en dos puntos básicos: más comunicación verbal y más sexo. Después de varias sesiones, ya que a Pablo le costaba expresar sus sentimientos, encontramos que gran parte del problema se originaba en su inasertividad. La incapacidad de expresar sentimientos de oposición había alimentado su resentimiento y perpetuado la mala relación.

La señora mantenía una cantidad de "prohibiciones" a las cuales Pablo venía accediendo hacía veinte años sin chistar, por "evitar tener más problemas". Entre otras exigencias, la lista incluía: no poder leer el periódico en la mesa, acostarse antes de las nueve para ver la telenovela con ella, no llegar tarde a la casa, no jugar billar (porque era de "gente baja") y no encerrarse a oír música "popular" (le permitía sólo oír música "culta").

Pablo había optado por la estrategia del atragantamiento: no decir nada, guardar enojo y luego vengarse. Como sabía que la comunicación verbal para ella era importante, practicaba el mutismo electivo, y como además la mujer era ardiente, sólo abría las compuertas del sexo una vez al mes, si acaso.

Le expliqué que la mejor manera de eliminar el rencor y replantear nuevamente la relación (nunca es tarde) era utilizar la asertividad, así fuera que al principio se incrementaran las disputas. A través de diversas técnicas el hombre se preparó para ser asertivo y no acceder a las exigencias injustas de su esposa.

Pablo comenzó a utilizar la *negación empática* (decir "no" de manera respetuosa, sin gestos amenazantes y con un tono de voz moderado), seguido de una *explicación directa y concreta* de por qué se negaba a seguir sus órdenes. El primer enfrentamiento ocurrió cuando él se sentó a leer el diario por la mañana. De inmediato, ella le llamó la atención e intentó quitarle el periódico. Entonces Pablo se defendió y contestó en tono firme, pero no agresivo: "No importa lo que digas, yo voy a leer de todas maneras. Para mí es importante hacerlo. Puedes ofuscarte, si quieres, pero voy a seguir leyendo". La mujer se levantó furiosa, arrojó su taza de café con leche al piso y se retiró indignada. Pablo se concentró en su lectura. Por la noche, cuando ella acomodó la cama para que se acostaran a ver la telenovela, él le dijo que prefería ir a escuchar música, ella preguntó qué tipo de música y él respondió que iba a oír música popular. Ella soltó un gemido, apagó el televisor y durmió enroscada.

Así, uno a uno, los comportamientos de Pablo fueron demarcando el territorio de sus derechos y controlando los ataques de su esposa. Finalmente, al cabo de tres largos e interminables meses de guerra fría y no tan fría, ella decidió romper el silencio y hablar sobre el asunto (todos tenemos un límite de resistencia). Para su sorpresa, encontró un marido abierto al diálogo, mucho menos prevenido y dispuesto a resolver los problemas de manera franca y asertiva. El silencio castigador y la indiferencia sexual, que Pablo tanto había utilizado en el pasado, ya no eran necesarios.

Los problemas interpersonales sólo pueden resolverse si se dispone de toda la información relevante, es decir, lo que en verdad pensamos y sentimos. Una buena comunicación debe, necesariamente, ser asertiva.

LOS DERECHOS ASERTIVOS

El tema de los derechos asertivos es el punto central, el primer *requisito*, a partir del cual sabremos si debemos reaccionar asertivamente o no. Por ejemplo, si alguien considera que sus derechos son innumerables, y que, además, todos ellos son no negociables, es probable que la necesidad de protegerse se incremente desproporcionadamente: habrá muchas cosas que defender. Es el caso del agresivo, el quisquilloso, el obsesivo, y algunos desórdenes de la personalidad.

Si, por el contrario, se piensa que todos los derechos son negociables y se reduce su número a la mínima expresión, casi con seguridad el comportamiento asertivo ocurrirá muy esporádicamente o nunca. Es el caso de las personas sumisas con baja autoestima o de aquellos individuos que, por sus creencias religiosas o de otra índole, deciden entregarse a una "misión de vida" donde los otros son más importantes que él.

Cabe preguntarse si en estos casos podría hablarse de una especie de "inasertividad trascendental". Por ejemplo, ¿sería correcto decir que Francisco de Asis fue "inasertivo"?, pienso que no. Pero ¿qué podríamos decir de las resignadas abuelas que permitían el maltrato de sus maridos porque creían que ellos tenían más derechos que ellas? Pienso que tenían más de oprimidas que de santas.

Un sumiso feliz de que lo exploten, que haga gala del mayor masoquismo y que se recree en la miseria humana, como los personajes de Dostoyevski, sería un inasertivo *egosintónico*, es decir, sintonizado con su deficiencia y dichoso de ser como es. El riesgo de asumir esta posición es quedarnos anclados al déficit y nunca alcanzar la mejoría.

La mayoría de las personas sumisas, cuando se las interroga por sus derechos, se sienten desconcertadas porque no están acostumbradas a pensar en esos términos. Por lo general, creen que no merecen tenerlos ("Soy poca cosa para exigir"), que no les corresponde a ellos ("No es correcto que yo me comporte asertivamente") o simplemente *no saben que los tienen* ("Nunca había pensado en eso, no tengo idea de cuáles pueden ser mis derechos").

Cuando le pregunté a una señora casada la razón por la cual su marido podía dormir la siesta y ella no, me contestó que eso era "lo normal" en su familia. Y cuando le pedí que me diera una explicación de por qué dormir la siesta era un privilegio exclusivo de su esposo, la confusión fue tal que se limitó a decir: "Es hombre".

Un joven que pagaba una pensión barata mientras hacía su carrera de medicina era incapaz de exigir calidad en la comida que le daban porque tenía la creencia de que en los lugares de poca categoría la comida necesariamente debía ser mala, y que, por lo tanto, no era "permitido" exigir que se mejorara la alimentación: "Eso es para los ricos", me dijo en cierta ocasión.

Una anciana que era literalmente agredida por su hijastro, después de ocho días de pensar en sus derechos, llegó con un contundente: "No sé". Cuando le pregunté qué opinaba sobre su derecho a ser respetada en su integridad física o a ser libre, me respondió encogiendo los hombros: "Eso no es para mí, doctor".

La tarea de reconocer cuáles son los derechos asertivos personales no es fácil. A veces la mejor manera de encontrarlos es ver cuáles defienden las demás personas, imaginarse a uno mismo en una situación conflictiva y/o autoobservarse en las relaciones interpersonales cotidianas para detectar *cuándo* y *cómo* aflora la indignación.

La indignación puede definirse como un *sentimiento de cólera ante la injusticia.* Cuando sentimos una oleada de ácido clorhídrico en el estómago, cuando se nos va la voz o nos ponemos rojos de la rabia, cuando no podemos pegar el ojo pensando en lo que nos hicieron, cuando una fuerza interior desconocida nos impide olvidar, es probable, aunque no definitivo, que estemos frente a un derecho vital.

1. Los derechos son valores

Recordemos que las personas inasertivas tienden a menospreciar los hechos como "poco importantes", aunque se revienten por dentro. Ante el abuso, la indignación siempre se siente, pero podemos convertirla en agresión autodestructiva, minimizarla, reprimirla o esconderla en los recovecos de la justificación pusilánime. Reproduzco un diálogo que tuve con una joven universitaria cuando se enteró de que su novio le era infiel.

Ella: Ésa es su naturaleza...
No lo voy a cambiar...
Me disgusta que sea así, pero
a la hora de la verdad todos
los hombres son iguales.
Terapeuta: ¿Estás de acuerdo con la infidelidad?
Ella: No.
Terapeuta: Pero aceptas que él sea infiel.
Ella: Y ¿qué puedo hacer?
Terapeuta: Decirle que no estás de acuerdo.
Ella: Eso no va a hacer que él cambie.
Terapeuta: No importa, estarías ejerciendo
el derecho a manifestar tu desacuerdo.
Ella: Y con eso, ¿qué?
Terapeuta: ¿No piensas que mereces una pareja fiel?
Ella: Pues, sí...
Terapeuta: ¿Entonces?
Ella: Entonces, nada.
Terapeuta: ¿No crees que tienes el derecho
a ser tratada con respeto?
Ella: No sé, a lo mejor no es un derecho...
Terapeuta: ¿Qué cosa?
Ella: La fidelidad.
Terapeuta: ¿Prefieres aceptar que te sea infiel
a correr el riesgo de perderlo?
Ella: No tengo opción.
Terapeuta: Sí la tienes.
Ella: No voy a hacerlo.

La fidelidad no era para ella un *valor verdadero*, sino un *valor conceptual* y ambiguo, pues en la práctica, en el contexto real de su relación afectiva, toleraba el engaño. El sentimiento de indignación, si es que existía, estaba oculto o reprimido.

Cuando el derecho es considerado *efectivamente* como un valor, se convierte en algo visceral, se siente en cada rincón del cuerpo, nos recorre por dentro y nos eriza la piel, se nos sale de las manos y explota frente a nuestras narices. Algunos filósofos de la ética han sostenido que los valores son *motivaciones esenciales, intereses radicales y extremos, que irremediablemente nos impulsan a comportarnos en concordancia con ellos y a defenderlos.*

No obstante, esta "fuerza de combate" psicoafectiva puede verse bloqueada. Si el miedo aparece, los derechos pueden empezar a tambalear, a confundirse, o incluso a doblegarse. Cuando Krishnamurti decía que el miedo corrompe, se refería justamente a este fenómeno de inhibición recíproca, donde el más profundo convencimiento parece perder validez ante el temor: *el peor enemigo de la convicción es la adrenalina.*

Debido al apego afectivo, mi paciente prefirió resignarse a la infidelidad antes de asumir el riesgo de perder al hombre que supuestamente amaba. Pudieron más el miedo y el "antivalor", que los principios y la asertividad.

2. ¿Cuántos derechos hay?

Aunque suelen ser fundamentalmente idiosincrásicos (cada cual define sus propios derechos), los manuales de asertividad y la experiencia clínica han logrado establecer un grupo de "universales asertivos" que, si bien no agotan el tema, pueden servir de orientación para los que quieran comenzar a explorar el asunto. Presentaré una síntesis extractada de varias fuentes[29,30,31,32].

1. El derecho a ser tratado con dignidad y respeto
2. El derecho a experimentar y expresar sentimientos
3. El derecho a tener y expresar opiniones y creencias
4. El derecho a decidir qué hacer con mi propio tiempo, cuerpo y propiedad
5. El derecho a cambiar de opinión
6. El derecho a decidir sin presiones
7. El derecho a cometer errores y a ser responsable de ellos
8. El derecho a ser independiente
9. El derecho a pedir información
10. El derecho a ser escuchado y tomado en serio
11. El derecho a tener éxito y a fracasar
12. El derecho a estar solo
13. El derecho a estar contento
14. El derecho a no ser lógico
15. El derecho a decir: "No lo sé"
16. El derecho a hacer cualquier cosa sin violar los derechos de los demás
17. El derecho a no ser asertivo

La lista personal de derechos asertivos es una lista móvil y autocorrectiva. Mantenerse en la tarea de revisarlos y estudiarlos nos da la posibilidad de aprender a detectar los más importantes. La vida se encargará de decirnos cuáles están de más y cuáles no.

3. Los derechos no pueden desligarse de los deberes

Es bueno tener en cuenta que cada derecho arrastra su contraparte. Al igual que una moneda de dos caras, cada uno de ellos lleva impreso una obligación, es decir, los temidos y bien ponderados *deberes*.

Me ha llamado la atención cómo la mayoría de los pacientes que han logrado superar su falta de asertividad generan una solidaridad natural, yo diría "de condición" con otras personas inasertivas y víctimas de abuso. Una especie de compasión y reconocimiento por el dolor ajeno, que fue inicialmente sentido en carne propia, los lleva a preocuparse por los demás: "Yo fui así y te comprendo: jamás me aprovecharía de ti". Estas personas descubren (viven, sienten, perciben) la existencia de un principio ético natural, sencillo y universal: "No hagas a los demás lo que no quieres que te hagan a ti". Voltaire, en su *Tratado de la tolerancia*[33], lo expresa así:

> El derecho humano no puede fundarse en ningún caso más que en el derecho de la naturaleza, y el gran principio, el principio universal de uno y otro, que está en toda la tierra: *No hagas lo que no quieres que te hagan.* (La cursiva es mía.)

El mejor complemento práctico del ejercicio del derecho, que nos ayuda a no excedernos cuando decidimos ser asertivos, está en la primera fórmula del deber de Kant[34]: "Obra siempre de modo tal que la máxima de tu acción pueda ser erigida en norma universal".

Cuando ejecuto una conducta de cualquier tipo, especialmente si los demás pueden verse afectados, debería detenerme un instante y pensar dos cosas:

a. "¿Cómo sería una sociedad regida por el principio que me guía a actuar?", y

b. "¿Qué pasaría si todos actuaran como yo, sería mejor o peor?"

Si este ejercicio virtual da por resultado una sociedad inhabitable, regresiva, cruel e injusta sería conveniente revisar mi comportamiento. Es posible que me encuentre más cerca de un acto agresivo e irresponsable, que de la asertividad.

4. El derecho se hace evidente cuando alguien traspasa el límite de nuestros principios

Los derechos pueden aparecer en cualquier parte, de cualquier manera y cuando menos lo pensamos. Recuerdo el caso de una odontóloga viuda, con una niña de siete años, que aún mantenía relaciones con la familia de su exmarido, a pesar del maltrato psicológico que recibía por parte de ellos. No la saludaban, le mandaban indirectas de todo tipo, la ignoraban o simplemente le recordaban lo mala esposa que había sido. Había consultado conmigo porque su timidez y la falta de asertividad le impedían relacionarse adecuadamente con sus compañeros de trabajo.

Cuando le pregunté por qué seguía asistiendo a la casa de sus parientes políticos, me contestó: "Soy una mujer sin familia y no quiero que mi hija se desvincule de los abuelos paternos y de sus primos. Lo hago por ella".

Ninguno de mis argumentos tuvo efecto para hacerla cambiar de opinión. Sistemáticamente, cada domingo alistaba a su hija, doblegaba su dignidad y se sometía mansamente a los atropellos de un grupo familiar que no la quería.

Pero un día ocurrió algo inesperado, algo que nunca había pasado antes en la casa de los suegros. La niña, sin querer, dejó caer el radio donde el abuelo escuchaba el partido de futbol. El señor, muerto de la furia, le gritó "niña estúpida", la sacudió y luego la empujó contra un muro, lo que le produjo a la pequeña un llanto desconsolado y angustioso. Mi paciente, que estaba presenciando los hechos, tuvo una transformación instantánea, yo diría una "mutación asertiva". Sin perder la compostura y en su estilo parco le dijo a su exsuegro: "Usted es un idiota y siempre lo ha sido. Si la vuelve a tocar se las va a ver conmigo, y verá de qué manera". Luego se le acercó hasta casi rozar su barbilla con la del sorprendido hombre, lo miró fijamente a los ojos y le murmuró: "¿Me entendió?, *señor*". El cuñado trató de intervenir, pero ella lo amenazó con el dedo: "¡Ni se le ocurra levantarse de esa silla!", y el individuo se desplomó en el asiento, como si le hubieran apuntado con un arma. Acto seguido, levantó a su hija y se retiró, para no volver jamás.

¿Qué le ocurrió a esta mujer? ¿Cómo puede alguien cambiar en un instante de esta manera? Por lo que hoy sabemos en psicología, podemos decir que en situaciones límites y ante acontecimientos vitales extremos, un viejo reducto defensivo, milenario y desconocido, se activa. El otro "yo" asoma.

En el caso de mi paciente, cuando le tocaron a su hija, un *clic* inexplorado se puso en marcha. En alguna parte, había un valor no negociable, un derecho especial oculto, mezcla de biología y amor, que ella no conocía y yo jamás supuse. Bastó apretar la tecla adecuada para que saliera a relucir una mujer valiente, consecuente y asertiva.

Algún experto en el tema podría decir que su asertividad estuvo teñida de cierta provocación, que posiblemente hubo un clima agresivo, que la palabra "idiota" o el señalamiento con el dedo no eran necesarios, que había una amenaza velada en su mensaje, en fin, podríamos encontrar varias fallas en "la forma" en que se defendió. Sin embargo, cuando ella me contó la historia con lujo de detalles y pude ver en su rostro la honda satisfacción del deber cumplido, la felicité. No fui muy exigente en la definición técnica. Ella fue asertiva, no a la manera inglesa, flemática y reposada, sino a la italiana: directa y emotiva. Ellos nunca sospecharon que detrás de esa mujer tímida y aparentemente insegura había una tigresa dispuesta a defender a su cría.

¿QUÉ NOS IMPIDE SER ASERTIVOS?

¿Qué nos impide actuar asertivamente, decir "no", y no dejarnos manipular o explotar? En muchas ocasiones sentimos el impulso vital, la reacción natural a defendernos, pero algo nos frena. Una fuerza supremamente poderosa y opuesta al enfado entra a escena con el fin de aplacar la rebelión e impedirnos actuar como quisiéramos.

Imaginemos que una persona inasertiva está haciendo una fila larga y tediosa y que un extraño, con el mayor descaro, le quita el puesto. ¿Qué podríamos esperar y predecir de un sujeto no asertivo en esta situación? ¿Qué pasaría en su interior? Veamos.

Es probable que no haga ni diga nada. Muy posiblemente en su interior se desencadenaría una lucha simultánea entre dos procesos opuestos: uno mental y otro emocional. De una parte, la indignación activaría el organismo para un ataque a gran escala, sus funciones entrarían en alerta roja y la artillería más pesada de todas, la biológica, apuntaría directo a la cabeza de su oponente. Pero, al mismo tiempo, un sistema de creencias altamente evaluativo empezaría a moderar la ofensiva. Una duda metódica y existencial, orientada a predecir consecuencias, bloquearía el sistema de acción y lo obligaría a revisar la cuestión y a temblar. La firme intención de protestar, de no darse por vencido, de hacerse respetar hasta las últimas consecuencias comenzaría, lenta e inexorablemente, a ceder terreno ante un enemigo difícil de enfrentar: el miedo ganaría la batalla. "Tranquilo, señor, pase adelante, bien puede, a mí no me molesta, no tengo afán, con mucho gusto..."

La lista de temores que nos impiden ser asertivos puede ser larga y variada. Sólo para citar algunos: miedo a parecer torpe, miedo a la respuesta agresiva del otro, miedo a perder el control, miedo a ser inadecuado, miedo a sentirse culpable, miedo a no saber qué decir, etc. De acuerdo con la historia personal, cada quien va fabricando sus propios fantasmas. Si gana el sentido de la dignidad, habrá respuesta asertiva, si triunfa el miedo, habrá evitación/sumisión.

Hace poco, estaba en una larga fila esperando un taxi. Era de noche y había huelga de taxistas, así que los automóviles llegaban como con cuentagotas. El clima era tenso, pesado y húmedo. El mal humor podía sentirse en cada uno de los que allí estábamos. De pronto, apareció una mujer de unos sesenta años, de pelo muy blanco, arrastrando un carro de supermercado lleno de paquetes. Despacio, se arrimó al primer puesto y se quedó mirando con gesto de súplica a la mujer que estaba hasta delante. Al cabo de unos minutos, posiblemente por la presión, la mujer la invitó a tomar su sitio: "Fórmese aquí, le cedo mi lugar", y dio un paso atrás. La anciana agradeció con gesto benevolente y se acomodó como una gallina dispuesta a poner un huevo.

De inmediato, todos despertamos del sopor como si hubiéramos recibido un choque eléctrico. Yo comencé a experimentar una mezcla de ira y ansiedad que fue creciendo lentamente, ya que me había sentido indirectamente manipulado por la señora de las canas, que a la hora de la verdad no se veía tan impedida. Quería hablar y expresar mi molestia, pero a la vez temía que la gente me viera como a una especie de monstruo insensible, después de todo, se trataba de una mujer de edad. Sin embargo, la manera en que se habían dado los hechos me tenía molesto.

Estaba a punto de abrir la boca, cuando un señor mayor, más valiente que yo, soltó un grito: "¡Señora, fórmese como todos!" Nadie se inmutó, sólo hubo silencio. Una segunda voz dijo: "¡Llevamos aquí casi una hora!" Y así, por contagio, uno a uno, los habitantes de aquella interminable fila fuimos expresando nuestra insatisfacción. Al cabo de un rato, la señora que había ofrecido el espacio, ya harta de las quejas, protestó furiosa: "¡Ya basta! ¡No es para tanto! ¿No ven que yo le cedí *mi* puesto!" Ésa fue la gota que derramó el vaso. El dilema moral estaba planteado. En realidad, la mujer no había cedido *su* puesto sino el de todos. No hubo consenso, ni encuestas previas, ni intercambio de opiniones: habíamos sido involucrados en un acto aparentemente humanitario, sin nuestro consentimiento. Si la "buena samaritana" hubiera sido consecuente con su acto caritativo, debería haber cedido de verdad su puesto y haberse ido al final de la fila.

Lo que quiero resaltar es que junto a la ira que sentí, desde mi punto de vista, razonable y valedera, surgió un miedo inhibitorio que bloqueó mi capacidad asertiva: *el miedo a parecer malo o insensible.* Durante unos minutos, pudo más el temor al rechazo que mi indignación.

Finalmente, la anciana saltó ágilmente al primer taxi que llegó y se alejó, sin importarle demasiado las manifestaciones de repudio en su contra. Indudablemente ella no sufría de fobia social ni estaba tan incapacitada como quería aparentar.

¿Qué nos impide ser asertivos? Aunque la ansiedad social es quizás el principal obstáculo para que la conducta asertiva pueda consolidarse[35, 36, 37], no es el único factor. Las creencias irracionales y los malos aprendizajes también pueden influir negativamente[38,39].

En los próximos capítulos haré hincapié en los dos factores que, a mi entender, más neutralizan la posibilidad de ser asertivo:

a. La culpa anticipada y el miedo a herir psicológicamente a los demás, y

b. El miedo a la evaluación negativa y a comportarse de manera inapropiada.

PARTE 2

CUANDO EL DEBER LLAMA: LA CULPA ANTICIPADA Y EL MIEDO A HERIR A LOS DEMÁS

LA CULPA Y EL AUTOSACRIFICIO IRRACIONAL

La culpa es una de las emociones más difíciles de comprender porque involucra muchas variables. Se ha denominado "emoción moral"[40], "emoción existencial"[41] y "emoción cultural *moderna*"[42] (la *antigua* sería la vergüenza).

Los procedimientos más efectivos para descargar el peso de la culpa son: la confesión, la reparación real o simbólica del daño causado, solicitar el perdón, disculparse o la *revaluación cognitiva*, que consiste en ponderar de manera objetiva nuestra responsabilidad *real* en el hecho, ya que a veces somos demasiado autocríticos y nos atribuimos más peso del que tenemos en el desenlace de los acontecimientos.

La mayoría de los estudiosos en el tema consideran que hay una *culpa adaptativa* (moderada y constructiva) y una *culpa maladaptativa* (excesiva, originada en el miedo y orientada a castigarse uno mismo). Por su parte, la ausencia total de culpabilidad se asocia a la conducta antisocial, cuya premisa es: "No soy responsable por el bienestar de los demás, ni me interesa: el más fuerte debe explotar al más débil".

Un paciente inasertivo, después de mi explicación sobre los fundamentos de la culpa, me dijo: "A ver si entendí bien: si me siento muy culpable estaría afectando mi autoestima, y si no siento culpa, podría llegar a ser un antisocial. La única opción es sentir un *poco de culpa*: es decir, castigarme un poco y ser casi un delincuente. Espero que no se sienta *culpable*, doctor, por lo que le voy a decir, pero su explicación me está haciendo sentir peor de lo que estaba".

La **culpa adaptativa** no se queda en la mera reparación; también promueve la preocupación por el otro y el arrepentimiento verdadero por haber cometido un daño. De no ser así, la reparación compensatoria se convertiría en un acto protocolario ausente de significación moral y afectiva.

Schopenhauer cita un caso patético con relación a cómo los romanos afrontaban y "remediaban" algunas transgresiones, ceñidos exclusivamente a la jurisprudencia de la época:

> Eso resulta también de lo que cuenta Aulo Gelio, de un tal Lucio Veracio, que se entretenía por jugueteo y sin motivo alguno en dar una bofetada a los ciudadanos romanos que encontraba por la calle; para evitar muchas formalidades, se hacía acompañar a este efecto de un esclavo portador de un saco de monedas de cobre y encargado de pagar inmediatamente al transeúnte asombrado la indemnización legal de 25 ases[43].

El sujeto que señala Schopenhauer, además de no conocer la vergüenza, carece de culpa, ya que reduce y simplifica la ofensa a los dividendos: *no hay un sentir que guíe el acto de reparación*. Todos sabemos que la indemnización no siempre disculpa el acto transgresor. Para que la conducta reparadora sea verdadera, se requiere empatía (compasión) e intención benéfica: la responsabilidad psicológica implica ponerse *afectivamente* en los zapatos del otro. A esto se refieren los que hablan de una culpa adaptativa o sana.

La **culpa maladaptativa** es el apasionamiento obsesivo por ser bueno. Cuando el sentimiento de culpa se magnifica y se convierte en un instrumento de purificación cuasi religiosa, entramos al fangoso terreno del masoquismo moral, una forma de laceración psicológica especialmente destructiva: "Cuanto más me castigo más bueno soy". Es el vía crucis de quienes aprenden a sentirse mal, para sentirse bien. La paradoja del dulce martirio.

Los investigadores han reportado que desde los dos años de edad los niños comienzan a mostrar conductas reparadoras y de autocastigo, después de causar daño a otras personas[44]; y que alrededor de los cinco años, cuando se estructura el sentido de la identidad, la culpabilidad se instala como un esquema estable[45]. A partir de ese momento, el infante está en condiciones de prevenir y evitar la culpa. No sabemos exactamente cómo, pero en algún estadio del desarrollo evolutivo, la mente construye una exigencia fundamental, un imperativo moral personal: "No quiero ser malo".

Si las condiciones educativas no son propicias y los padres actúan erróneamente, imponiendo una disciplina orientada al castigo y a despertar en el niño una responsabilidad extrema frente a los acontecimientos negativos, el imperativo puede convertirse en fanatismo: "Haré cualquier cosa para ser bueno y no sentirme culpable. No importa qué tanto deba sufrir para lograrlo: seré bueno, a como dé lugar".

Los individuos con alta predisposición a sentir culpabilidad casi siempre configuran un paradigma de **autosacrificio irracional**, donde de manera excesiva y desproporcionada (casi siempre para evitar sentirse culpables), buscan resolverle las penurias a los otros, a expensas de las propias necesidades[46,47].

La consecuencia de esta actitud genera al menos tres tipos de pensamientos antiasertivos:

1. "Debo evitar herir los sentimientos de los demás, aunque viole mis propios derechos" (*Sobrestimación de la sensibilidad ajena*).
2. "Debo asumir y mantener mis obligaciones afectivas, aunque pierda mi individualidad" (*Entrampamiento o codependencia emocional*).
3. "Si defiendo mis derechos seré egoísta y me volveré incapaz de perdonar" (*Profecía de malignidad*).

En ocasiones, estos tres pensamientos se entrelazan para crear un esquema nuclear de restricción emocional y sometimiento crónico, psicológicamente devastador: "Yo valgo poco" y "Las demás personas son más valiosas que yo". Analicemos en detalle cada uno de ellos por separado.

1. "Debo evitar herir los sentimientos de los demás, aunque viole mis propios derechos"

Isabel es una mujer soltera, exitosa en su profesión, que vive con su madre. Es la única de cinco hermanos que no se ha casado. Es una mujer amable, inteligente, compasiva y de gran sensibilidad social. Cuando llegó a mi consulta mostraba una depresión leve que ella no alcanzaba a detectar con claridad. Se sentía cansada, triste y muy preocupada: "Estoy perdiendo la paciencia, mi espíritu de solidaridad ya no es el mismo; ya no soy tan amable".

Había cosas que antes no le molestaban y ahora sí. Por ejemplo, unos días atrás, ninguno de sus hermanos había querido acompañar a su madre al médico y a raíz de ello se vio obligada a cancelar una cita importante para trasladar a la señora. También los domingos se estaban convirtiendo en un problema, ya que todos iban a almorzar a su casa y le tocaba encargarse de la preparación de la comida y la recepción de más de veinte personas: "A mi mamá le gusta que vayan a visitarla y a mí también... Lo que me disgusta es que sean tan aprovechados... En especial mi hermana y mis cuñadas... Se sientan para que yo las atienda, como si llegaran a un hotel de cinco estrellas... Mi mamá debería darse cuenta, pero yo creo que ella piensa que es mi obligación... A veces he querido hablar con ellos, pero no sé... No quiero que mi madre y mis hermanos se sientan mal..."

Isabel era el centro de su familia. Por el hecho de ser la mayor y tener una buena posición económica, las demás personas recurrían a ella con frecuencia, ya fuera para pedirle un consejo, un préstamo u otro tipo de favores. Según ella, nunca había dicho "no" a un pedido para mantener la unión familiar.

Un primo le debía dinero y no le pagaba, aunque cambiaba de modelo de automóvil cada año y se iba de vacaciones a lugares costosos. Había aceptado ser codeudora de un préstamo para un hermano, pero debido a que el negocio había fracasado, ella terminó asumiendo la deuda. Dos de los sobrinos utilizaban el automóvil de Isabel con frecuencia y siempre lo devolvían con el tanque de gasolina vacío, además, ya lo habían chocado en tres ocasiones. Todos los que llegaban a la casa, sin excepción, entraban a su habitación y se llevaban la ropa de su armario sin autorización. En fin, la actitud oportunista y egoísta se veía por todas partes.

La paciencia de Isabel había llegado al límite y, aun así, pese a sentirse mal, seguía asumiendo un papel pasivo. El obstáculo principal que le impedía ser asertiva y marcar límites era el *miedo a herir los sentimientos de los demás*: "No quiero que nadie sufra por mi culpa", "Cómo se sentiría mi hermana si le pido el dinero a su esposo", "Pobre de mi mamá, a su edad y yo dándole problemas", y cosas por el estilo.

En una cita, ella me preguntó si yo podía hacerle el favor de hablar con la familia y explicarles que no se aprovecharan más de ella, a lo cual, obviamente, me negué. Los pacientes inasertivos suelen ampararse en el terapeuta y, a veces, sin mala intención. Pueden utilizarlo como chivo expiatorio. Para Isabel, era mejor que la familia se enojara conmigo y no con ella.

Entonces le expliqué lo siguiente: "Mira, Isabel. Te has pasado la vida tratando de evitar herir los sentimientos de los demás. Creo que llegó el momento de preguntarte si se justifica vivir así, frenada e inhibida todo el tiempo. Me pregunto también si no estarás subestimando la capacidad de tus familiares para soportar el 'no'. ¿Serán tan débiles como piensas? Además, si llegaran a sentirse tan mal como crees por tu asertividad, ¿no sería un mal necesario, como cuando te colocan una inyección o tienes que tomar un remedio amargo? Piensa un segundo en esto: ¿dejarías de defenderte de un ladrón para evitar que el hombre se sienta mal por no robarte? Lo primero que debes examinar es si estás siendo injusta con los demás y si realmente eres *tú* la directa responsable de que ellos se sientan mal. ¿No estarás patrocinando con tu silencio la actitud cómoda y aprovechada de tu familia? Por otra parte: ¿de dónde sacas que ellos no *pueden* ni *deben* sentirse mal? ¿Acaso son seres especiales?

En su gesto se reflejó la angustia que sentía: "Los defraudaría, ellos esperan mucho de mí... Me sentiría muy mal". Yo insistí con mi argumento: "¿En realidad crees que puedes generar un cambio en las costumbres de tu familia de manera indolora?

¿De verdad piensas que ellos van a aceptar estoicamente la pérdida de los privilegios que les has otorgado? ¡Más realismo, Isabel! ¡Ellos van a protestar, se van a enfadar, y es probable que algunos intenten manipularte! Le tienes mucho miedo a sentirte culpable, ¿verdad?" Ella asintió en silencio.

Y continué diciéndole: "Piénsalo sólo un instante. La culpa adaptativa se origina cuando *realmente* has transgredido un código ético/moral, ese remordimiento es sano. ¿Pero cuál sería tu infracción al decirles a tus hermanos que te ayuden con el cuidado de tus padres? Todo lo contrario, les estarías recordando su responsabilidad como hijos. Si fueras asertiva con todos los de tu familia, podrías enseñarles a ser más independientes y a no utilizarte como bastón. Si los quieres de verdad, y tú también te quieres un poco, debes asumir una nueva responsabilidad, la de soltarlos: el niño para aprender a caminar debe caerse de vez en cuando".

De más está decir que cuando Isabel decidió ejercer unos derechos y defender otros, el caos fue general. Llegaron a pensar que ella estaba enferma o tenía algún problema grave. Una hermana le retiró el saludo, dos cuñadas dejaron de frecuentar su casa y un sobrino le dijo que era una tía miserable.

Curiosamente, la única persona que aceptó tranquilamente el cambio fue su madre. Un día le expresó: "Al fin te decidiste, hija. Yo pensé que a ti te agradaba que ellos vinieran, pero por lo que a mí compete, prefiero que los domingos estemos en paz, en vez de atender tantos nietos, nueras y yernos".

Con Isabel se utilizaron dos fuentes importantes de reflexión.

La **primera** fue la lectura y discusión de algunos de los credos humanistas de Fromm[48] que hacen referencia a la igualdad. Cito dos de ellos, a manera de ejemplo:

> Creo que la igualdad se siente cuando, al descubrirse uno mismo por completo, se reconoce igual a otros y se identifica con ellos. Todo individuo lleva la humanidad en su interior. La condición humana es única e igual en todos los hombres a pesar de las inevitables diferencias de inteligencia, talento, estatura, color, etc.
>
> Creo que la igualdad entre los hombres se debe recordar especialmente para evitar que uno se convierta en instrumento de otro.

Una manera de vencer la culpa es ir hacia ella con valentía y un buen arsenal de argumentos lógicos y cognitivos. Si logro reestructurarla de manera racional, ella perderá su fuerza emocional negativa. Isabel debía comprender que no era inferior a ninguno de sus familiares.

Una **segunda** fuente de reflexión fue el análisis de siete preguntas, que ella debía responderse a sí misma para cuestionar si la culpa que sentía era fundamentada o no.

1. ¿Estoy violando algún derecho ajeno?
2. ¿Estoy lastimado *objetivamente* a alguien por descuido o irresponsabilidad?
3. Al actuar asertivamente, ¿mi motivación es honesta?
4. Al actuar asertivamente, ¿mi intención es hacer daño?
5. ¿Estoy obrando impulsiva e irracionalmente?
6. ¿He deliberado *seriamente* sobre mi comportamiento antes de actuar?
7. ¿No será que en realidad no es mi comportamiento lo que está lastimando *directamente* a la persona, sino su incapacidad para renunciar a un privilegio o aceptar un "no"?

Si las respuestas son en su orden: NO, NO, SÍ, NO, NO, SÍ, SÍ, tal como ocurrió con Isabel, no debería sentirme culpable, porque mi conducta fue ejecutada a conciencia y seriamente. No habría una actitud irresponsable.

Por el contrario, si algunas de las respuestas a las preguntas señaladas no cumplieran la secuencia propuesta, debería revisar mi comportamiento, porque es posible que no haya sido lo suficientemente cuidadoso en elaborar el mensaje asertivo. Si fallo en uno o varios de los siete puntos señalados, el sentimiento de culpa puede ser adaptativo, es decir, justificado, conveniente y saludable (al finalizar la parte 2, en el apartado *Conclusiones: tres principios para contrarrestar la interferencia de la culpa*, profundizo este aspecto).

No obstante, vale la pena recordar que los abusadores, consecuentes con su desfachatez, se ofenden si alguien ofrece resistencia: el amo se indigna cuando el esclavo se rebela y el depredador se enfurece cuando la víctima decide escapar.

En cierta ocasión entré a un banco para hacer una consignación y al salir encontré que un automóvil mal estacionado estaba bloqueándome el paso. Esperé veinte minutos al abusivo chofer, hasta que apareció una señora, acelerada y sudorosa. Mi indignación era tanta que me contuve para no perder el control. De todas maneras, alcancé a decirle de buena manera que su conducta era francamente reprochable y violatoria de mi libertad de movilización: ¡Me había encerrado sin compasión!

La mujer abrió los ojos, encrespó sus puños y vociferó "indignada": "¡Pero quién se ha creído que es para hablarme así! ¡Nadie se muere por unos minutos de espera! ¡Idiota, mal educado! ¡¿Acaso cree que soy su sirvienta?!" En ese momento se me vino a la cabeza el famoso adagio popular: "Tras de ladrón bufón", o ¿habría que decir, "bufona"?

Cuando tenemos la convicción sentida de que nuestro comportamiento es justo y bien intencionado, y estamos seguros de que no pretendemos violar el derecho de nadie, el miedo a herir a los demás disminuye sustancialmente.

2. "Debo asumir y mantener mis obligaciones afectivas, aunque pierda mi individualidad, me exploten o me manipulen"

Esta manera de pensar suele perpetuar un tipo de relaciones enfermizas donde el sujeto queda aprisionado en un conjunto de obligaciones autoimpuestas, casi siempre irracionales. Por lo general, la vinculación se centraliza en querer redimir a alguien con problemas (por ejemplo, alcoholismo, adicción a las drogas o enfermedades crónicas), quien a su vez suele explotar y manipular al cuidador para obtener ganancias secundarias a su enfermedad[49,50].

La persona que sufre de *codependencia emocional* tiende a someterse exageradamente a las exigencias caprichosas del "enfermo" para evitar que éste recaiga y, de paso, no sentirse culpable[51,52]. No importa el costo que haya que pagar, el deber asumido se toma como una cuestión de vida o muerte, aunque el resultado sea la autodestrucción.

El miedo a ser "culpable por omisión" hace que estos individuos se vuelvan hipervigilantes a las reacciones de la persona que han "adoptado" y que deben cuidar. Con el tiempo, como el desgaste es tan grande, la carga se va haciendo insoportable. La sensación que transmiten los sujetos "adictos a ayudar" es la de estar atrapados en el mayor de los enredos[53]: "Si me quedo, me destruyo, y si me voy, me mata la culpa o el pesar".

Casi siempre los codependientes perciben la asertividad como una opción altamente amenazante, que puede agravar al doliente, o lo que es peor aún, alejarlo. Veamos dos casos.

Caso 1: "Va a recaer por mi culpa"
(Las mujeres que adoptan a sus parejas)

Juliana es un buen ejemplo de cómo algunas mujeres "adoptan a su pareja" y luego no son capaces de romper el vínculo cuando debe hacerse. La conclusión es como sigue: *Es fácil dejar a un marido, pero a un "hijo adoptado" es prácticamente imposible.*

Juliana conoció a Humberto hace quince años. Primero fueron amigos, luego tuvieron un noviazgo corto y ahora son una mezcla de socios y amantes. Desde aquella época, debido a que Humberto es farmacodependiente, ella lo cuida y aconseja, y aunque su consumo está relativamente controlado, de vez en cuando recae por unos días y luego vuelve a levantar cabeza. Ambos son socios en una farmacia que ella administra y dirige, y él usufructúa.

Humberto es un hombre inmaduro, mujeriego, perezoso y violento. Suele tratarla de manera descortés e insultarla, además de exigirle que trabaje muchas más horas que él en la farmacia. Ella se ha acostumbrado a la crítica inclemente y justifica el comportamiento agresivo de Humberto por su enfermedad y la carencia afectiva que tuvo en su niñez: "Le tengo mucho pesar, el padre lo abandonó cuando era apenas un niño y la madre nunca se ha preocupado por él". El instinto maternal dirigido a un adulto puede hacer desastres.

Juliana nunca se defiende ni dice lo que piensa por miedo a que él se ofusque. Por ejemplo, cuando es maltratada, se disculpa para tranquilizarlo, o accede a los requerimientos sexuales de Humberto aun si no lo desea con tal de verlo tranquilo.

Juliana dice que lo ama profundamente y que ese amor la lleva a ser muy celosa. Cuando la suspicacia se dispara, lo persigue, lo vigila y trata de mantenerlo alejado de las "malas compañías".

Su motivo de consulta fue el siguiente: "Él no me quiere, ya no tiene sentido que yo esté ahí mendigando afecto... Tengo que aprender a desprenderme de él... Pero es muy difícil... Ya no sé si siento amor o pesar... He intentado alejarme algunas veces, pero la culpa me lo impide, me duele cuando está mal... Me siento responsable por él... He pensado en dejar la farmacia, pero estoy encariñada con el lugar... Invertí mucho tiempo y esfuerzo en levantar el negocio... Estoy tan cansada..."

El dilema tenía doble faz. Por un lado, la pugna razón/emoción ("Debo dejarlo, pero el afecto no me deja") y por el otro, la lucha entre la responsabilidad asumida y la culpa anticipada ("Quiero dejarlo, pero no debo hacerlo").

Cuando Juliana recibió las primeras instrucciones sobre el manejo de la asertividad comprendió su importancia, pero también sintió miedo. Era claro que si empezaba a defender sus derechos, Humberto intentaría alejarse. Los hombres-niños que han sido amparados por una mujer-madre no resisten la independencia de su protectora, se ofenden y hacen pataletas. Además, si no obtienen el beneficio esperado, se alejan en busca de otra mamá sustituta más entregada. Juliana estaba consciente de que la asertividad podría generar una ruptura definitiva. Como ya dije, una parte suya quería intentarlo y otra no.

En el primer ensayo de asertividad, que consistió en exigirle a Humberto igual tiempo de trabajo, él respondió que *por culpa de ella* iba a reincidir y que lo estaba empujando a la droga.

Juliana se aterrorizó y estuvo a punto de desertar. Llegó a la cita supremamente angustiada: "¡Yo sabía! ¡Yo sabía que esto iba a pasar! ¡Va a volver a caer!"

Para tranquilizarla, traté de darle a su culpa anticipada un encuadre lógico y racional. Algunos argumentos aristotélicos me ayudaron[54]: "Escúchame, Juliana. Sólo debes sentirte culpable cuando seas *injusta*, y eres injusta cuando hay intención, mala intención. Si no tienes un propósito explícito de dañar a alguien, se puede hablar de *infortunio* (*azar*) o *error involuntario*, pero no de responsabilidad culposa. Si realmente fueras culpable de su consumo, simplemente por expresar un desacuerdo de manera asertiva, ¿cómo explicas que la mayoría de sus recaídas anteriores, por no decir todas, han ocurrido cuando eras especialmente amable y querida con él?"

No respondió y se limitó a levantar los hombros. Yo retomé el argumento: "Parece, entonces, que hay otras causas distintas a ti que determinan la conducta adictiva de Humberto: por ejemplo, su baja tolerancia a la frustración, la falta de autocontrol, la pereza, el ambiente en el que se mueve, su personalidad, y así. Creo que estás sobreestimando tu responsabilidad y relevándolo a él de la suya. ¡Por Dios, no estamos hablando de un niño indefenso!"

Después de algunas citas, decidió seguir con la defensa de sus derechos y se negó a tener relaciones sexuales. Como esto nunca había pasado antes, Humberto arremetió con un golpe bajo: le paseó una amiga por las narices. El mensaje era doloroso y muy claro: "Si usted no accede, otra lo hará". Juliana tuvo una crisis de celos que logró superar rápidamente.

Siguiendo con el programa y tratando de ser consecuente con la idea de independizarse y ejercer el derecho "a no pensar en él las veinticuatro horas", dejó de llamarlo un fin de semana. Fue la primera vez en muchos años que se despreocupó realmente de Humberto. Él reaccionó desapareciendo seis días. Aunque con altibajos, Juliana soportó bastante bien su ausencia. Finalmente el hombre apareció, furioso y agresivo, pero Juliana se defendió asertivamente, exigió respeto y se negó a seguir escuchándolo.

Cuando las cosas parecían mejorar, él jugó su mejor carta: recayó fuertemente. Un día a las dos de la mañana, la madre de Humberto llamó a Juliana desde una sala de urgencias suplicándole que "salvara" a su hijo, quien no hacía más que preguntar por ella. Fue demasiada presión. Al poco tiempo Juliana renunció al tratamiento y todo el trabajo psicológico realizado hasta ese momento se fue al traste. Pudo más el chantaje emocional.

En estos casos complejos de adicciones dobles, las soluciones no pueden ser intermedias: o Juliana se liberaba de la codependencia a través de la asertividad y otras estrategias, o seguía atada a un hombre que la destruía lentamente. No había punto medio y ella eligió el camino del sacrificio irracional.

Caso 2: "Su hija no es más importante que usted"

En las relaciones de codependencia, parece que el principio de la supervivencia y de la preservación del ser dejaran de funcionar. Esto puede observarse de manera más cruda y dramática en los vínculos afectivos de consanguinidad.

Recuerdo el caso de una señora mayor cuya hija de veinticuatro años había hecho dos intentos de suicido. El vínculo de esta mujer con su hija era absolutamente exigente y simbiótico. La "niña", como ella le decía, la insultaba, le pegaba, le tiraba la comida en la cara cuando no le gustaba, se encerraba en su cuarto y no contestaba a los llamados desesperados de su madre, que temía por su seguridad. En cierta ocasión se vieron obligados a tumbar la puerta y la encontraron con los auriculares puestos escuchando música con una sonrisa maliciosa. La joven se comportaba como si su madre fuera la responsable directa de su depresión.

A raíz del estrés cotidiano, la señora había desarrollado un síndrome de fatiga crónico, alteraciones gastrointestinales y una alergia de origen psicosomático. Su hija se había convertido en una carga. Cuanto más trataba de amarla, más castigo recibía de ella, y no era capaz de contradecirla, por miedo a que se quitara la vida. Se encontraba en un callejón sin salida.

Cuando la vida de los implicados puede correr algún riesgo, el uso de la asertividad debe prescribirse con cuidado. En este caso, aunque existía un peligro real de que la joven atentara contra su vida, la opinión del psiquiatra que la trataba fue favorable en cuanto al tratamiento asertivo, así que decidimos trabajar en equipo.

Además de las alteraciones señaladas, la señora mostraba un bloqueo cognitivo que dificultaba bastante la aplicación de la asertividad: *el espíritu de sacrificio.* Era extremadamente religiosa y la habían educado con la idea de que debía entregarse incondicionalmente a sus deberes y no esperar nada a cambio, ni siquiera respeto.

Reproduzco una de nuestras conversaciones donde el tema central fue la controversia, autoestima vs. amor por los demás:

"Usted me dijo que cree en Dios y que es muy católica. Me pregunto cómo compagina su fe con la idea de no quererse a sí misma. Uno de los mandatos de Dios, la naturaleza o como quiera llamarle, es que tenemos que cuidarnos a nosotros mismos y vivir dignamente, hacernos merecedores de la vida que poseemos. Si usted no se quiere, no puede entregarse con tranquilidad porque consciente o inconscientemente creerá que está entregando algo que no vale la pena. Respóndame con franqueza, en lo esencial, ante Dios: ¿usted cree que su hija es *intrínsecamente* más valiosa, como ser vivo, que usted?"

Ella se sintió turbada. Hizo un intento por responder, pero luego se arrepintió. Yo capté su duda de inmediato e intenté equilibrar la balanza: "Aceptar que usted es tan valiosa como su hija no significa que ella pierda méritos y usted deba tener más derechos, sino que ambas son, al menos, iguales ante Dios. Lo que quiero decirle es que la tendencia natural de cada ser vivo es a conservarse a sí mismo, psicológica y físicamente, ése es el mandato y usted no parece cumplirlo. Junto a su obligación como madre está también la responsabilidad de desarrollar su potencial como mujer: ése es el sentido que no puede ni debe perder. Si usted decidiera sacrificar su vida por alguien o algo, motivada por una convicción profunda, altruista y trascendente, se sentiría feliz y realizada: sería maravilloso; sin embargo, ahora está sufriendo.

No la veo realizada y feliz. El psiquiatra que maneja el caso de su hija le ha explicado que su enfermedad no explica, y menos aún justifica, el trato que usted recibe de ella. Si esto es así, ¿no debería usted poner un límite al maltrato? ¿O piensa que ella tiene el derecho de agredirla? Acéptelo, está atrapada: cuanto más quiere salir, más se hunde. Cuanto más quiere auxiliar a su hija, menos lo logra, porque la verdadera ayuda, en este caso, depende de que ella quiera dejarse ayudar. Usted debe retirarse un poco, desentenderse en el buen sentido, estratégicamente, para que su niña madure. Pero usted sabe bien que alejarse implica correr riesgos".

Luego de varias sesiones, estuvo en condiciones de empezar a ser asertiva con su hija. Se estructuró un plan de *aproximaciones sucesivas* comenzando por las conductas menos amenazantes. Por medio de una técnica llamada *juego de roles* ella se ejercitó y se preparó para responder a los posibles contraataques y manipulaciones por parte de la muchacha. Las autoverbalizaciones positivas que debía emplear mi paciente eran: "Yo valgo mucho y no merezco ser maltratada por *nadie* en el mundo", "Es un riesgo que debo correr para que ella mejore", "Si soy sumisa, no sólo le estoy haciendo daño a ella, sino a mí misma". Incluso se trató el tema de una posible separación. A veces, los padres también deben alejarse de los hijos y viceversa. Cuando la integridad o la seguridad de alguno de ellos está en juego, el distanciamiento transitorio o definitivo puede ser una muy buena solución.

La relación logró equilibrarse lentamente. Al ver que su madre ya no era tan frágil y manipulable como había pensado, la joven no tuvo más remedio que negociar y aceptar que sus padres no eran una prolongación de su ser, ni ella, el centro del universo.

¿Por qué pensamos que no valemos lo suficiente? Cuando depreciamos nuestro *self*, nos oponemos al mandato fundamental de la existencia. Vivir según la naturaleza es exaltar nuestra condición humana. Diversos filósofos, como Cicerón[55] y Espinosa[56], han argumentado que el odio a uno mismo, el desprecio por lo que somos, es antinatural porque *atenta contra el principio universal de preservar el ser por encima de todas las cosas.*

Mi paciente sólo pudo ser asertiva cuando entendió con sus entrañas que, independientemente de sus hijos y su esposo, era valiosa *per se*. Sólo así pudo saltar por encima de la culpa, dejar de lastimarse a sí misma y ayudar a su hija con dignidad.

3. "Si defiendo mis derechos seré egoísta y me volveré incapaz de perdonar"

Dos de las preguntas típicas de las personas que quieren aprender a ser asertivos, pero que temen excederse y salirse de las normas, son: "¿Me volveré egoísta?" y/o "¿Terminaré convirtiéndome en una persona fría e incapaz de perdonar?"

El entrenamiento asertivo no es un entrenamiento en insensibilidad. El arte de procesar y expresar los sentimientos negativos nada tiene que ver con la actitud voraz del depredador. Tenemos tanto miedo a ser "malos" que preferimos ser "buenas víctimas", dolientes formales, mártires felices, antes de correr el riesgo de equivocarnos.

Egoísmo vs. asertividad

Con relación al egoísmo, el individuo asertivo ejerce el *derecho a decidir a quién va a ayudar y a quién no.* Sin caer en la indiferencia mezquina y generalizada, se reserva el derecho de admisión. No se siente obligado por ley, sino que obra por convicción.

Mi experiencia clínica me ha enseñado que es muy poco probable que luego de un buen entrenamiento asertivo las personas desarrollen un patrón egoísta. Más bien, como ya dije en otra parte, ocurre lo contrario. Por principio, la asertividad se aleja de la ambición desmedida, el acaparamiento y la codicia.

Según un reconocido diccionario, egoísmo se define como: "Inmoderado y excesivo amor que uno tiene por sí mismo y que le hace atender desmedidamente a su propio interés". Analicemos la definición con un poco más de detalle.

Una persona que atiende *desmedidamente a su propio interés* sufre de **egocentrismo**: "Soy el centro del universo". El individuo egocéntrico, inevitablemente, deja de lado a los demás, cosa que no ocurre con la asertividad. La premisa que determina el comportamiento asertivo es: "Atiende a tu propio interés sin olvidarte del interés ajeno".

El *inmoderado y excesivo amor que uno tiene por sí mismo* hace referencia a la **egolatría**, lo que se conoce como narcisismo o el culto al ego. El asertivo no dice: "Soy *más* que tú", sino: "Soy, al menos, *igual* que tú".

El autorrespeto no es incompatible con el respeto por nuestros semejantes. La cultura ha creado un estereotipo negativo con respecto al autocuidado psicológico, por miedo a que la vanidad prospere. Ha inventado una incompatibilidad inexistente entre el amor propio y el amor al prójimo, de tal forma que preocuparse demasiado por uno mismo es casi un acto de mal gusto. Sin embargo, afortunadamente para la salud mental, parece que la semilla de la autoestima está contenida incluso en los actos más altruistas. Les guste o no a los fanáticos del autosacrificio: *tengo que quererme, para querer.*

Liliana era una jovencita de diecisiete años que siempre le había dado gusto a sus padres, a sus hermanos y amigas. Era considerada una niña modelo, servicial y amable. La idea que Liliana tenía sobre las relaciones humanas era que uno *debía estar siempre dispuesto a ayudar a los demás* y que esta ayuda *debía ser siempre incondicional.* Consecuente con esta posición, se resistía sistemáticamente a decir "no", porque consideraba que negarse a un pedido sin *justa causa* era un acto de egoísmo y desconsideración con las necesidades ajenas. Obviamente, para ella nunca había *justa causa.* Liliana era víctima de una fobia curiosa, muy común entre la gente inasertiva: *tenía miedo a ser egoísta.*

En la práctica, esta actitud la había llevado a soportar pacientemente los abusos de sus compañeras y en especial de su mejor amiga, quien le pedía ropa prestada y no se la devolvía a tiempo, se quedaba con sus discos compactos o la dejaba plantada cada vez que podía. El colmo ocurrió cuando en una fiesta se besuqueó con el novio de Liliana delante de todo el mundo (la disculpa fue que estaba con unos tragos de más). Pero Liliana, pese a estar triste y dolida, defendía a su amiga y excusaba cada uno de sus comportamientos abusivos.

Aunque mostró un rechazo inicial al tema de la asertividad, la idea de balancear deberes y derechos le pareció interesante. Mi argumentación fue la siguiente: "Si tu amiga puede quedarse con tus cosas *indebidamente,* sin ningún tipo de razón o justificación (espero que estemos de acuerdo en esto de 'indebido'), quiere decir que ella *tiene el derecho* a la expropiación y tú *tienes el deber* de dejarte explotar. Hay algo que no encaja, ¿verdad? Tu amiga no tiene el derecho a mentirte, a engatusarte, a quedarse con tus pertenencias y a utilizarte, por lo tanto tienes el derecho a defenderte y poner límites".

Luego de meditar unos segundos en lo que yo había dicho, preguntó: "¿Y cómo sé que no voy a volverme egoísta siendo asertiva?"

Mi respuesta no demoró en llegar: "Yo creo que por más que lo intentes, no podrías caer en el egoísmo, no lo lograrías porque no está en ti acaparar, aprovecharte, explotar o despreocuparte de los demás. No es tu esencia. El miedo a ser egoísta te ha llevado al extremo de la sumisión. Pero si sólo piensas en dar, olvidándote de que tú eres tan merecedora como dadora, vas a malcriar a la gente que quieres. Yo sé que hay personas en el mundo que hacen de su vida una misión espiritual de entrega total, pero ése es un tipo de amor distinto al de carne y hueso, al amor que practica la gente común y corriente, como tú y como yo. Me pregunto qué tanto habrás contribuido con tu actitud permisiva a que tu amiga sea así, ¿no crees que de alguna manera has sido víctima de tu propio invento? Analízalo racionalmente, échale cabeza al asunto, decide por ti misma y no por el miedo a ser "mala amiga".

Liliana revisó sesudamente su esquema de subyugación y entrega desmedida y con la ayuda adicional de un sacerdote amigo comprendió que la defensa de los derechos no riñe con el amor a los demás ni con el cristianismo que ella profesa.

Siguiendo las premisas de la *ética de la consideración*, la asertividad bien entendida trata de equilibrar el *yo autónomo* (independiente) con el *yo considerado* (interpersonal). La combinación de ambos me permite estar comprometido con la red social/afectiva a la cual pertenezco y sostener al mismo tiempo un territorio de reserva personal.

Laín Entralgo[57] se refiere al momento *coafectivo* de la relación interpersonal, determinado por dos aspectos afectivos fundamentales, sin los cuales no puede existir ninguna relación:

a. La *compasión* (padecer íntimamente con el otro sus vivencias penosas) y

b. La *congratulación* (gozar íntimamente con el otro las vivencias gozosas).

En conclusión: cuando los derechos asertivos se *mantienen* racionalmente atados a los deberes, y además están teñidos de *compasión* y *congratulación*, es muy difícil excederse y ser egoísta.

Perdón vs. asertividad

La asertividad y el perdón pueden producir distintas variaciones. Puede haber personas sumisas y prudentes, altamente rencorosas e incapaces de perdonar, o individuos muy agresivos que no guardan resentimiento. No hay un patrón definido.

El punto central es que el asertivo, al no almacenar tantos sentimientos negativos, ya que los expresa oportuna y adecuadamente, tiene menos material negativo que procesar, menos cierres que realizar y menos motivos para sentir rencor.

El perdón es un regalo que se hace a los demás y a uno mismo con el fin de aliviar la carga del resentimiento o de la culpa: es un descanso merecido para el corazón. Entonces vale la pregunta: ¿por qué el asertivo debería perderse de semejante autorrefuerzo? Puedo expresarle a usted mi insatisfacción o hacerle un señalamiento sobre alguna conducta suya que me haya molestado, puedo hacerlo sin juzgarlo ni agredirlo y, además, puedo hacerlo sin rencor y con la profunda convicción de que si es necesario perdonar, haré el mayor de mis esfuerzos.

La conducta asertiva ayuda a fomentar una actitud anti-rencor en dos sentidos:

a. Disminuye la probabilidad de que los sentimientos negativos se depositen en la mente, es decir, los expulsa antes de que se consoliden.

b. Si el material emocional nocivo ya está almacenado, acorta el tiempo de procesamiento en la memoria y logra hacer un cierre más rápido y constructivo.

CONCLUSIONES: TRES PRINCIPIOS PARA CONTRARRESTAR LA INTERFERENCIA DE LA CULPA

El miedo a excederse con la asertividad y a dañar psicológicamente a los otros suele ser una de las interferencias más significativas del aprendizaje asertivo. El choque interior suele ser duro. Por un lado, está la necesidad de autoafirmarse, y por el otro, el impedimento que marca las creencias sobre lo que está bien y lo que está mal: lo que *debe* y *no debe* hacerse, el miedo a ser socialmente negligente.

Muchos individuos inasertivos muestran patrones exagerados de autoexigencia que los llevan a confundir derechos con deberes y a sacrificarse innecesariamente, a veces de manera cruel, con tal de no transgredir su normatividad. Los sujetos perfeccionistas, moralistas y psicorrígidos suelen ser muy autocríticos y con una marcada tendencia a sentirse culpables por cualquier cosa.

¿Cómo balancear, entonces, la sensación de que soy socialmente desconsiderado con la necesidad impostergable de no dejarme explotar y/o manipular?

De acuerdo con mi experiencia, para que la asertividad no genere esa mezcla fulminante entre culpa y miedo, los individuos que intentan ser asertivos deben profundizar y reflexionar sobre tres principios fundamentales: tolerancia, prudencia y responsabilidad.

La mayoría de las personas con predisposición a sentir culpa por no excederse se van para el otro extremo. Así, la tolerancia se vuelve *ilimitada*, la prudencia se convierte en *silencio absoluto* y la responsabilidad se transforma en *obsesión*. El remedio termina siendo peor que la enfermedad. El objetivo del siguiente análisis es desplazar el riel hacia los puntos medios.

El principio de la tolerancia limitada

¿Hay que tolerarlo todo? ¿Habría que tolerar la violación o los asesinatos? ¿Qué haríamos si viéramos a un señor golpeando a su pequeño hijo frente a nosotros? ¿Lo toleraríamos? ¿Debemos tolerar el abandono infantil, los genocidios, las estafas o el maltrato?

Muchos autores sostienen que la tolerancia universal e indiscriminada sería condenable moralmente porque ignoraríamos a las víctimas y seríamos indiferentes al dolor humano. Karl Popper, citado por Sponville[58], habla de la *paradoja de la tolerancia*:

> Si somos absolutamente tolerantes, incluso con los intolerantes, y no defendemos la sociedad tolerante contra sus asaltos, los tolerantes serán aniquilados y junto con ellos la tolerancia.

En nuestra vida diaria ocurre lo mismo: la tolerancia generalizada termina produciendo el síndrome de la víctima permanente: "La gente siempre se aprovecha de mí".

Es claro que la tolerancia debe ser limitada. ¿Pero cuál es ese límite? Para Sponville, lo que debe determinar el límite es *la peligrosidad real, efectiva, que un evento o una persona tenga para nuestra libertad.*

Es decir, debemos reaccionar ante cualquier acción que afecte nuestra capacidad de expresar lo que sentimos y pensamos. El criterio estaría determinado por la siguiente pregunta: ¿es peligroso para mi integridad física o psicológica ser tolerante en esta situación?

En el lenguaje cotidiano, cuando decimos que toleramos a alguien, lo que estamos afirmando es que lo "soportamos", que aguantamos su manera de ser o su manera de pensar. Pero la tolerancia bien entendida, más que soportar, se refiere a *respetar.* Tolerar no es padecer a los otros como una carga, sino aceptar y proteger el derecho a la discrepancia. Pero ¿qué ocurre cuando la pretendida discrepancia está sustentada en el fanatismo, el sectarismo o la irracionalidad? Por ejemplo, el Ku Kux Klan es un grupo disidente: ¿debemos tolerarlo?

La tolerancia es una virtud, pero, sin los límites que define la dignidad personal, se convierte en rendición, dependencia humillante, aniquilación del "yo". Así como nos indignamos frente a la injusticia ajena, también tenemos la obligación moral de indignarnos cuando nuestros derechos personales se vulneran. Por eso, no tolerar a los abusivos es una manera de respetarse a sí mismo, es ejercer el *derecho a la resistencia* y no dejarse embaucar por el culto al sufrimiento. Nadie está obligado a subyugarse.

El asertivo es tolerante, a menos que sus preceptos personales sean avasallados: su intención es equiparar derechos y deberes. El agresivo es intolerante y autocrático: sobrestima los propios derechos y subestima los ajenos. El sumiso practica una tolerancia excesiva e indiscriminada y, queriendo hacer el bien, se daña a sí mismo irresponsablemente: subestima los propios derechos y magnifica sus deberes.

El principio de la prudencia y la deliberación consciente

Si no se practica la prudencia, es imposible ser asertivo. La prudencia baja nuestras revoluciones y nos obliga a pensar antes de actuar. No es que haya que pensar a todas horas y hacer de la racionalización un vicio (hay veces en que la prudencia es un verdadero estorbo, por ejemplo, cuando hacemos el amor desaforadamente con la persona que amamos), pero debemos reconocer que "es prudente ser prudente". La prudencia nos obliga a deliberar con nosotros mismos, es la que gobierna nuestros deseos y suaviza nuestros impulsos.

Epicuro nos habla de la importancia de la comparación y el examen de las ventajas y desventajas, una técnica muy utilizada actualmente en psicología cognitiva:

> Todo placer es una cosa buena, mas no todo placer debe ser perseguido; y, paralelamente, todo dolor es un mal, pero no todo dolor debe se evitado a cualquier precio. En todo caso, es conveniente decidir sobre estas cuestiones comparando y examinando atentamente lo que es útil y lo que no lo es, porque a veces

> usamos un bien como si fuera un mal, y un mal como si fuera un bien...[59].

Aristóteles, no tan epicúreo, llamó a la prudencia una *virtud intelectual*, porque ella nos hace actuar inteligentemente y reflexionar sobre lo que debe elegirse o evitarse.

La prudencia es futuro, prevención, anticipación responsable, deseo razonado. Está diseñada para evaluar el *antes de*, para que no tengamos que arrepentirnos del *después de*. No es un freno de emergencia asfixiante, sino autorregulación, juicio y lucidez orientada a no lastimar ni lastimarse. Kant decía: "La prudencia aconseja, la moral ordena". Una asertividad sin prudencia tarde o temprano se transforma en agresión.

La prudencia hace menos probable que al defendernos ataquemos a mansalva. Es el mejor antídoto contra la culpa anticipada, porque no sólo nos exime de los errores por omisión sino que nos hace más adecuados a la hora de actuar.

El principio de la responsabilidad interpersonal

No podemos ser asertivos sin una ética de la responsabilidad, es decir, *sin que nuestras deliberaciones incluyan los derechos de los demás*. La premisa que mueve a toda persona asertiva es *defenderse tratando de causar el menor daño posible*, o si se pudiera, ninguno. Debemos evitar todo daño innecesario al defendernos o al ejercer un derecho.

Pero ser responsable no es comportarse de acuerdo con la disposición exageradamente complaciente del inasertivo: "Si ocasiono algún daño, mejor no actuar", porque tal como vimos en otra parte, los que ultrajan y humillan siempre se "sienten mal" cuando ya no pueden seguir abusando de su víctima. Además, como la sinceridad no es un valor muy cultivado en nuestra cultura, no es de extrañar que la asertividad produzca a veces incomodidad y escozor en los receptores.

Max Weber[60] defendía la "ética de la responsabilidad" por encima de la "ética de las convicciones". La filosofía asertiva une ambas. Una persona asertiva actúa con *convicción responsable*, defiende lo que quiere, pero no se olvida de su interlocutor.

Si en nosotros no hay mala intención y obramos asertivamente y a conciencia, tratando de causar el menor daño posible, ¿dónde queda la culpa anticipada? ¿En qué fundamentamos el miedo a herir irresponsablemente a los demás?

PARTE 3

LA ANSIEDAD SOCIAL: EL MIEDO A LA EVALUACIÓN NEGATIVA Y A COMPORTARSE DE FORMA INAPROPIADA

EL "YO" Y LOS "OTROS"

Cuando estamos frente a otro ser humano, nuestra atención se concentra en dos aspectos: lo que *yo* hago y lo que el *otro* hace. Evaluación y autoevaluación, mirar y mirarse, observar y autoobservarse, dos procesos inseparables que definen toda relación social[61].

Un paciente tímido, con problemas de autoestima, me decía que nunca coincidían ambas evaluaciones: "Hay días en que me siento bien conmigo mismo, me siento más grande, más importante, mi ego se infla... Pero casi siempre ocurre algo negativo en mi entorno social y me tira al suelo: una crítica, un comentario mordaz sobre mi figura o mi manera de ser, alguien que no me saluda, en fin, siempre pasa alguna cosa... Y en otras ocasiones, me levanto con un yo lastimoso, me siento como una cucaracha, me da vergüenza lo que soy... Y ese día, justo ese día, llegan los refuerzos, los halagos, los buenos comentarios. La verdad es que estoy harto, ¿cómo hago para que el mundo coincida conmigo?"

Hay una sola respuesta posible al interrogante de mi atribulado paciente: mantenga el "yo" arriba todo el tiempo, independientemente de lo que el medio haga o diga, y sólo entonces coincidirán ambas visiones.

Yo y otros, otros y yo, autopercepción y percepción: la doble faz de nuestra mente tratando de identificarse a sí misma. Una identidad móvil que nunca se completa, que jamás se acopla totalmente, pero que puede mantenerse tan alto como queramos.

De estas dos operaciones mentales surge el modo en que nos relacionamos con la gente. Si nos sentimos seguros con nosotros mismos (*evaluación del "yo"*), y percibimos a las personas significativas que nos rodean como amigables y no amenazadoras (*evaluación de los "otros"*), nos sentiremos cómodos, espontáneos, tranquilos frente a los demás: el miedo a la evaluación negativa será mínimo o nulo.

Pero si salimos mal librados en cualquiera de las dos evaluaciones, el equilibrio se altera, el temor se convierte en un problema y es probable que la fobia social o el trastorno de ansiedad social haga su aparición[62]. Nos sentimos rechazados, tensos e incapaces de actuar con libertad.

La prevalencia de la fobia social (es decir, la frecuencia con que la enfermedad aparece en un grupo o región determinada) fluctúa entre el 3 y el 13%[63]. Es decir, en una población de dos millones de habitantes, ¡habrá alrededor de 200 000 personas con problemas de ansiedad social! Una verdadera urbe de individuos angustiados, incapaces de resolver su dilema fundamental: *quiero y necesito a la gente, pero me asusta lo que ellos puedan pensar de mí*. Si me alejo, me deprimo, y si me acerco, el miedo me inmoviliza.

Como puede deducirse, si una persona teme hacer el ridículo, verse tonta o actuar inapropiadamente, la asertividad se convierte en el peor de sus enemigos, porque la expresión de sentimientos la desnudaría, la mostraría tal cual es y sacaría a la luz su vulnerabilidad; ya no podría esconderse y escapar al escarnio público, real o imaginado. La mayoría de las personas socialmente ansiosas muestran una marcada ambivalencia ante la posibilidad de ser asertivos: les gusta la idea, pero no les agrada exponerse.

Cabe recordar que los ansiosos sociales son expertos camaleones, genios del disfraz y de las máscaras. Una paciente experta en pasar desapercibida me decía: "¿Cómo se le ocurre proponerme eso de la asertividad? ¡Parece que no ha entendido mi caso! ¡Si me muestro como soy, me van a ver como soy! ¡Dios mío, qué vergüenza! No me complique la vida aún más... Vea, yo quiero ser menos ansiosa con la gente, pero sin darme a conocer, estando oculta, ¿me entiende?... Tanta honestidad y espontaneidad me pone los pelos de punta... No, no, definitivamente nada de asertividad... ¿No hay alguna forma de hipocresía saludable o deshonestidad positiva que me pueda servir?"

El rostro ajeno nos define y nos reglamenta en algún sentido. La mirada del otro es el origen de la evaluación interpersonal y, probablemente, como decía el psicoanalista Erikson, el inicio de una emoción tanto o más perturbadora que la culpa, una emoción más demoledora y antigua, difícil de erradicar, casi arquetípica: *la vergüenza*.

Para muchos autores, el miedo a la evaluación negativa o a proyectar una mala imagen social está íntimamente ligado a la vergüenza[64], tanto así, que algunos lo consideran una "emoción social"[65], pariente cercano de la culpa.

En los siguientes apartados veremos cómo la ansiedad social puede interferir el comportamiento asertivo y bloquearlo. Aunque el miedo interpersonal puede manifestarse de muchas maneras, señalaré los factores más relevantes:

1. La vergüenza de sí mismo
2. El miedo a dar una mala impresión y la necesidad de aprobación
3. El miedo a sentirse ansioso y a comportarse de manera inapropiada
4. El miedo a las figuras de autoridad

1. La vergüenza de sí mismo

Todos en algún momento de nuestra vida hemos experimentado vergüenza. ¿Quién no ha cometido alguna vez errores o equivocaciones en público, generando hilaridad y miradas burlonas? ¿Quién no ha sentido esa mezcla de pesar y alivio ("pena ajena") por no estar (¡gracias a Dios!) en los zapatos de quien ha hecho el ridículo o ha cometido la mayor de las torpezas?

La famosa expresión "Trágame, tierra" posee el encanto de la sabiduría popular. Es un hecho fácil de comprobar que la vergüenza produce, al igual que la ansiedad, un fuerte impulso a retirarse de la situación. Pero mientras que en la ansiedad la huida tiene un carácter *anticipatorio* y *preventivo*, en el acto vergonzante la retirada se presenta ante un hecho *real que ya ha ocurrido*: ya "metimos la pata", ya no se puede sacar y lo único que queda es escapar o, mejor, desaparecer mágicamente a lo Harry Potter. La sensación que produce la vergüenza es poco menos que insoportable. La vida debería darnos al menos una segunda posibilidad y tener una función de *deshacer*, como la herramienta del programa Word, para regresar al pasado inmediato y subsanar la equivocación o la torpeza.

Vergüenza pública (externa) vs. vergüenza privada (interna)

La vergüenza pública (ante los demás) es considerada por algunos autores como menos dañina que la vergüenza privada (ante uno mismo), porque podemos desactivarla escapando de la situación, mientras que la privada, al llevarla encima todo el tiempo, termina por convertirse en un malestar crónico. No obstante, si la situación que genera la vergüenza externa (pública) es fuerte y sostenida, la experiencia puede ser tan o más nociva que la vergüenza interna (privada).

Uno de mis pacientes depresivos había sufrido de enuresis diurna en su infancia (no control de la vejiga). Durante más de un año, los profesores y compañeros de clase lo rechazaron debido a su problema y se burlaban porque olía a orina. El apodo que le pusieron fue "Vicente, *pipí* caliente", el cual solían corear en los recreos. De más está decir que semejante situación produjo un sinnúmero de alteraciones psicológicas, muy severas, que todavía están recibiendo tratamiento.

Pero la vergüenza que me interesa reseñar es la que tiene que ver con la *autocondenación* y la *devalua-*

ción del yo. Esta *vergüenza privada* es especialmente destructiva porque no se refiere a la manera de comportarse, sino que ataca directamente y a mansalva la esencia personal. El argumento no enfatiza el verbo, sino el sujeto: "No *hice* el ridículo, sino soy ridículo". Lo que se ataca es la propia identidad[66], la estructura central del "yo".

Esta vergüenza esencial suele estar determinada por dos esquemas maladaptativos tempranos: *Defectuosidad física o psicológica, y/o indeseabilidad social*[67]. El individuo se siente inherentemente inapropiado, malo, desagradable, poco interesante, despreciable, incapaz, fraudulento o ridículo. La trama principal que define este tipo de vergüenza es el sentimiento de *indignidad* por no alcanzar los ideales del yo: *sentirse avergonzado de sí mismo es sentirse indigno.*

Pedro era un joven de veintidós años que no había sido capaz de aceptar su homosexualidad. Formaba parte activa de una comunidad religiosa ortodoxa, a quienes, por razones obvias, había ocultado su tendencia sexual. La sensación que permanentemente lo acompañaba era la de estar "manchado", y aunque después de confesar su problema a un asesor espiritual sintió que la culpa había mermado, el sentimiento de vergüenza seguía igual. La idea de no sentirse digno de Dios y no poder "salvarse" lo obsesionaba. En cierta ocasión, asistió a un retiro espiritual de fin de semana, donde cada feligrés era sometido a un escrutinio público para ver si podían pasar a un estadio superior de purificación. La sorpresa fue mayúscula cuando su gran secreto, el motivo de su deshonra, se hizo oficial. Según el director del grupo, Pedro había mostrado una "debilidad carnal pecaminosa" y, por tal razón, quedaba relegado, expulsado del grupo, hasta nueva orden. A partir de ese día, Pedro confirmó su sospecha: no era digno de entrar al cielo ni de pertenecer a la cofradía de los que ya estaban con un pie en el paraíso, ya que padecía de una defectuosidad esencial innata. La última vez que supe de él, todavía intentaba ser aceptado en la congregación.

En otro caso, un médico de unos sesenta años no podía olvidar que había hecho trampas en los exámenes durante su carrera. Casi cuarenta años después, aún lo atormentaba la idea de haber sido deshonesto. Pese a ser ahora un buen hombre y un excelente médico, sensible y eficiente, la experiencia fraudulenta lo había marcado tan profundamente que nada parecía redimirlo. Más que culpa, sentía vergüenza de haberse traicionado a sí mismo, de ser un fraude. Se había convertido en su propio juez, un juez implacable que le recordaba constantemente que *no había estado a la altura de los ideales* que tanto pregonaba.

Esconderse o atacar

Como ya dije, la preocupación principal de la gente que se avergüenza de sí misma es mantenerse oculta del resto del mundo. Su creencia es como sigue: "Si alguien me conociera de verdad, con seguridad se sentiría defraudado de mi persona: mi mundo interior es horrible".

La estrategia preferida para sobrellevar la carga de un ego herido de muerte es la evitación, agazaparse en el anonimato y ocultar su vida interior. Por lo general, no brindan información sobre sí mismos y tampoco preguntan demasiado para no dar pie a que se metan en su territorio. A esta manera enfermiza de "sobrevivir" se la conoce en psicología como: *desorden de la personalidad por evitación*[68].

Sin embargo, cuando estas personas se ven entre la espada y la pared y no tienen más remedio que sacar a flote el motivo de su vergüenza, la conducta de evitación es reemplazada por la *agresividad defensiva*[69]. Las personas tímidas suelen dar la impresión de ser antipáticas, pero en realidad se están protegiendo.

Una de mis pacientes había desarrollado un estilo "repelente" (es decir, de hostilidad generalizada) para relacionarse con el mundo y encubrir sus sentimientos de inseguridad y vergüenza. La gente ni siquiera se le acercaba, tenía fama de creída y arrogante. Para ella, éste era su mejor disfraz: "Nadie sospecha que soy tímida... Me cuesta mucho iniciar y mantener una conversación, siento que no tengo temas... Bueno, en realidad siento que soy la mujer menos interesante del mundo, soy insulsa, aburrida, apática, nadie me soportaría... La hostilidad me sirve para dos cosas... Por un lado, mantengo a la gente alejada, porque no me gustaría que me conocieran... Soy algo así como una farsa, ¿me entiende?... Y por el otro, prefiero que me vean como antipática y brava y no como la estúpida que soy..."

Asertividad, autoaceptación y vergüenza

A los individuos que se avergüenzan de sí mismos, la asertividad los obliga a revisar sus esquemas en dos sentidos:

a. Los fuerza a salir de su escondite psicológico y exhibirse (el asertivo nunca pasa desapercibido).

b. Les exige revisar su valía personal, lo que les produce una combinación de miedo y fastidio.

Los pensamientos que bloquean la asertividad, cuando la vergüenza está presente, pueden adoptar distintas formas: "No merezco ser asertivo", "No tengo derechos", "Si expreso mis sentimientos llamaré la atención y seré criticado", "Es mejor no decir lo que pienso, para que no me conozcan". Pero el factor común a todos podría resumirse en la siguiente consigna: "Me avergüenzo de mí mismo, de lo que hago, digo o pienso, y por lo tanto, *no me nace ni merezco* ser asertivo".

¿Cómo es posible que un ser humano se denigre a sí mismo hasta el extremo de avergonzarse de estar vivo y existir? ¿De dónde proviene y cómo se gesta esta creencia irracional autodestructiva?

Aunque no se pueden descartar las variables genéticas[70] (algunos niños muestran un temperamento introvertido o tímido desde que nacen), el aprendizaje social y la relación con los padres sigue siendo el principal candidato[71]. Los papás y las mamás moldean y modelan el comportamiento de su hijos hasta donde la biología les permita. Sólo para citar dos ejemplos: los sujetos tímidos y socialmente inseguros recuerdan a sus padres como especialmente críticos y distantes[72,73], y los niños que no son capaces de llenar las expectativas de sus padres, o que así lo perciben, pueden crear *un ideal personal inalcanzable* y ser más propensos a sentir vergüenza[74]. La memoria autobiográfica determina gran parte de nuestra manera de actuar, pensar y sentir el mundo[75,76], en cierto sentido, podríamos decir que somos lo que recordamos, somos memoria en acción.

Marcela era una adolescente que mostraba un cuadro de inhibición emocional extrema. Se le hizo un diagnóstico de depresión mayor y alexitimia (incapacidad de leer y procesar emociones). Su madre, una mujer alcohólica que había sido abandonada por su marido, nunca pudo recuperarse de la pérdida y, de alguna manera, culpaba a su única hija del abandono del señor. Durante toda su vida Marcela tuvo que soportar el rechazo y el desamor de su madre, quien la había sometido a un maltrato psicológico continuo y en ocasiones también físico: por ejemplo, un día le quemó las manos en el fogón de la cocina porque se había pintado las uñas.

Marcela recordaba perfectamente cada una de las frases denigrantes de su madre: "Eres un estorbo", "Para qué te habré tenido", "No heredaste mi belleza", "Hueles horrible", "No me toques" o "No pareces una mujer"; todo había sido cuidadosamente procesado y almacenado en su memoria, como si fuera hoy.

Marcela había optado por la estrategia defensiva de la insensibilidad. Muchos niños sometidos a maltrato adoptan el bloqueo informacional y/o emocional como mecanismo de defensa. Sencillamente, suben sus umbrales sensoriales para que nada los moleste o les importe. Acorde a esta forma de supervivencia, Marcela se había vuelto fría, calculadora y de un realismo que rayaba en la crueldad: "No quiero a mi madre, en realidad la odio, pero por ahora es un mal necesario... Ella me enseñó a ser así... Usted dice que me autocastigo demasiado, pero yo creo que las cosas son así... No tengo cosas buenas, y si las tuve, mi madre se encargó de destruirlas... Usted me preguntó si me avergüenzo de mí misma, pues claro... He sido una bastarda..."

Las madres son determinantes en la conformación de la autoestima de sus hijos: pueden crecer el ego o aplastarlo, como ocurrió con Marcela. Si la mente de un niño pudiera poner en términos de pensamiento lógico el sentimiento de ser despreciado por su madre, diría algo así: "Si mi mamá no me quiere, debo ser un esperpento de la naturaleza. Una madre es capaz de dar la vida por sus hijos y amar incondicionalmente a su prole, es lo natural. *Una madre es una amadora experta y, además, es la que garantiza la supervivencia, no la del más apto, sino la del más amado.* Y, sin embargo, pese a todo, ella quiere deshacerse de mí. ¡Dios mío, si soy un estorbo para ella, no merezco vivir!"

Al poco tiempo, Marcela se fue de la casa con un hombre que apenas había conocido y viajó a los Estados Unidos. Un año después me enteré de que purgaba una condena por narcotráfico en Florida.

La única opción que tenía Marcela para superar su problema era romper el vínculo de dependencia que la unía a su madre, desligarse de ella y no esperar ningún tipo de amor o aceptación. El salto liberador implicaba crear un nuevo ideal del "yo", distinto al que quería imponerle su progenitora, que le permitiera una autoevaluación constructiva y saludable. Desgraciadamente, quizás por su juventud, no tuvo esa oportunidad.

Las personas que tienen la mala costumbre de concentrarse más en lo negativo que en lo positivo terminan por ignorar lo bueno. Tal como lo han sostenido terapeutas humanistas y cognitivos, aceptarse a uno mismo, de manera total y definitiva, es el principal requisito para la salud mental. En palabras del psicólogo cognitivo Ellis:

> La autoaceptación [...] significa que el individuo se acepta total e incondicionalmente, actúe o no de forma inteligente, correcta, competente y al margen de si los demás lo aprueban, responden o aman[77].

Cuando los individuos que se avergüenzan de sí mismos empiezan a mejorar se sorprenden al ver que los demás seres humanos, los mismos que antes parecían psicológicamente inalcanzables y cuasi perfectos, no son tan distintos a ellos. Ésa es la esencia del cambio: *aceptar que más allá de las apariencias, en el resguardo más escondido de la humanidad que cargamos, hay un sitio especial en el que somos tan crudamente iguales, tan desesperadamente humanos, tan misteriosamente frágiles, que nadie merece sentirse inferior.*

No hay otra forma de vencer la vergüenza privada que aceptarse incondicionalmente, a pesar de todo, y de todos.

2. El miedo a dar una mala impresión y la necesidad de aprobación social

No sé si habrá existido en la historia de la humanidad una persona que haya logrado escapar a la opinión de los demás de manera tajante y definitiva. Quizás los locos, los esquizoides y uno que otro místico en los instantes de desconexión y trascendencia. Es muy difícil desprenderse radicalmente de la opinión de los demás sin disociarse y caer en la enfermedad psicológica. Y no podemos, porque el fenómeno humano se forja precisamente en la relación con los otros: los demás son el caldo de cultivo donde se cristaliza nuestra identidad. No podemos renunciar al prójimo.

El filósofo MacIntyre así lo expresa:

> ... hacen falta tanto las virtudes que permiten al ser humano operar como un razonador práctico independiente y responsable, como esas otras virtudes que permiten reconocer la naturaleza y grado de dependencia en que se está respecto a los demás[78].

Dicho de otra forma: la *necesidad obsesiva de aprobación* ("No puedo vivir sin alabanza", "Las lisonjas son la motivación de mi existencia", "Si alguien llegara a rechazarme, me deprimiría") nada tiene que ver con el *reconocimiento inteligente* de que ciertas evaluaciones merecen ser atendidas, ya sea porque están bien intencionadas, fundamentadas o sencillamente, porque quien las dice es una persona respetable y/o querible.

A pesar de todo, muchos individuos no son capaces de soportar la evaluación social negativa, pues para ellos la opinión desfavorable puede llegar a ser devastadora. Según algunos expertos, estas personas poseen una *conciencia pública de sí mismos* demasiado exacerbada y, por tal razón, se sienten especialmente observados por los otros[79]. No son paranoicos, porque no creen que los demás van a explotarlos, más bien *temen dar una mala impresión*[80], o lo que es lo mismo, dudan sobre la propia capacidad de crear una buena imagen[81].

La trampa de la prevención

La mayoría de nosotros, cuando nos sentimos en la mira de alguien mal intencionado, desarrollamos una serie de mecanismos para defendernos[82]: el periscopio de la mente se despliega a su máxima potencia y, entonces, prevenidamente, "evaluamos al evaluador" y "observamos al observador". Esta tendencia es universal, aunque puede salirse de control.

Por ejemplo, todos los humanos heredamos un módulo de procesamiento de la información especializado para detectar expresiones de ira o antipatía en los demás[83,84] (la naturaleza nos cuida de los bravos); sin embargo, en las personas que sufren de fobia social este mecanismo de localización de enojo se hace exageradamente sensible e incapacitante: se sale de control[85].

De manera similar, el miedo a dar una mala impresión nos vuelve hipersensibles a la desaprobación[86,87] y nos lleva a generar todo tipo de anticipaciones catastróficas relacionadas con el temible rechazo social[88]: una mueca inesperada, cierta inflexión de voz, una risa "sospechosa" o alguna palabra inusual provocan la hecatombe.

Las personas que exageran esta manera de procesar la información desarrollan un estilo *prevenido* y *desconfiado* que, tarde o temprano, los introduce a una curiosa trampa: *al estar excesivamente atentos a los rechazos, descubren "más rechazos" de lo normal*[89]: "El que busca encuentra". Y como no podemos gustarle a todo el mundo, es natural que la indagatoria se vea confirmada. Recordemos que algunos de los más grandes personajes de la humanidad, como Jesús, Gandhi, Martin Luther King y Mandela fueron y aún hoy son rechazados por la mitad de la población mundial. La proposición es clara: *hagamos lo que hagamos, siempre habrá personas que nos detesten, es inevitable.*

Un paciente que vivía con las antenas puestas se había dedicado a contabilizar, literalmente, el número de "desaires" y "malas caras" que la gente le hacía para demostrarme que él no estaba equivocado. Un día llegó con la prueba reina: "Mire, doctor, aquí traigo el registro de los últimos dos fines de semana: veintidós rechazos manifiestos, más de sesenta miradas detestables, tres comentarios sobre mi apariencia... ¿Vio que yo estaba en lo cierto?... "La trampa en la que había caído y de la que no se había dado cuenta era que, con su prevención extrema, él mismo generaba una actitud negativa en las personas que lo rodeaban. Cuando tomó conciencia del hecho y cambió su comportamiento de lucha/huida por uno de aproximación/amabilidad, la frecuencia de los supuestos rechazos bajó significativamente.

Moraleja: *si soy prevenido, la gente reaccionará negativamente a mi prevención, esto aumentará mi recelo, lo que hará que la gente me rechace otra vez, disparando aún más mi suspicacia y prevención... y así sucesivamente.*

Asertividad vs. imagen social

Es natural que las personas altamente motivadas por mantener una buena imagen social se rehúsen a utilizar la asertividad, ya que, como dijimos en otra parte, el comportamiento asertivo conlleva un costo social: *la gente sincera incomoda*. Sin embargo, lo opuesto también puede ocurrir.

Algunas veces, **no ser asertivos puede afectar negativamente la imagen de las personas**. Una mujer retraída e inasertiva pensaba que, siendo sumisa y complaciente con los hombres, éstos iban a llevarse una mejor impresión de ella. La estrategia de decir a todo "sí" y no fijar posiciones mostró un efecto búmeran: la mayoría de sus amigos terminaba quejándose por su extrema pasividad. Paradójicamente, la imagen que terminó proyectando era la de una mujer insegura y necesitada de aceptación. Evitar la asertividad no mejoró su imagen. Moraleja: *La gente sumisa puede resultar muy querida al principio pero, con el tiempo, produce hastío: necesitamos un poco de repulsa, algo de oposición constructiva para que los lazos afectivos se fortalezcan.*

En otros casos, **la asertividad puede mejorar sustancialmente la imagen interpersonal**. Carmen llevaba ocho años de novia. Su relación se había visto deteriorada últimamente debido a lo que ella denominaba un "enfriamiento pasional". Desde tiempo atrás, las relaciones sexuales que mantenía con su novio no eran buenas. Pese a ser una mujer ardiente, se había mostrado especialmente recatada en lo sexual. Su novio había terminado por aceptarla así, aunque de vez en cuando expresaba su malestar. Ella nunca tomaba la iniciativa y evitaba todo el tiempo hablar sobre sexo.

Al conocer los principios asertivos, Carmen se mostró preocupada. La sola idea de hablar sinceramente sobre el tema de la sexualidad con su novio le producía pánico. Reproduzco parte de una conversación que tuvimos.

Carmen: Tengo miedo de expresar lo que siento... A veces quiero ser sexy, seducirlo, entregarme totalmente, pero me da miedo lo que pueda pensar de mí... Él tiene una imagen tan distinta de lo que soy, piensa que soy pudorosa y fría... A veces he pensado en cambiar mi actitud, pero me asalta la duda... ¿Qué va a pensar de mí si empiezo a mostrarme como una desaforada sexual?

Terapeuta: ¿Cómo se generó esta imagen de "niña buena"?

Carmen: No sé, con los años... Vamos para nueve años... Nos conocimos cuando éramos muy jóvenes... Se fue dando con el tiempo y yo creo que la mantuve... No quería que él pensara nada malo sobre mí...

Terapeuta: ¿Realmente crees que una mujer sexualmente libre con su pareja es una "loca desaforada"?

Carmen: Pues, no se ve bien... Me han educado con la idea del autocontrol y todo eso...

Terapeuta: ¿Y si fueras su esposa?

Carmen: Igual.

Terapeuta: ¡Ésa es una gran noticia para las concubinas y las amantes! Muchos de nuestros abuelos pensaban que la esposa era para respetar y la amante para disfrutar... Entonces abrían sucursales: aquí el deber y allá el placer...

Carmen: Debe de ser verdad, no me imagino a mi bisabuela bailando la danza de los siete velos... Ni yo tampoco me imagino haciéndola... Creo que todavía a muchos hombres les molesta que las mujeres tomen la iniciativa...

Terapeuta: ¿Tu novio es de ese tipo de hombres?

Carmen: Es algo conservador... No estoy segura...

Terapeuta: ¿Y por qué crees que a los hombres conservadores no les gusta tener sexo pasional con la mujer que aman?

Carmen: Bueno, no tengo pruebas, si a eso se refiere, simplemente me parece... Uno los ve como tan puestos en su lugar y tan serios... En realidad no tengo argumentos... ¿Qué piensa usted de esto? ¿Cree que tengo solución?

Terapeuta: Has hecho una hipótesis que yo cuestiono. Tú crees que si te muestras sexualmente como eres, con tu ímpetu y tus ganas naturales, él va a pensar mal de ti. De alguna manera se decepcionará de la "nueva Carmen" y dejará de verte como la novia virtuosa que eres.

Carmen: Sí, sí, algo así...

Terapeuta: Bien, sometamos a la realidad tu hipótesis: hagamos un experimento conductual. Definamos de manera objetiva tus anticipaciones y veamos si se cumplen o no.

Comparemos los resultados con tus expectativas previas, a ver qué tanta razón tienes, actuemos como científicos.
De acuerdo con mi experiencia, por lo que me has contado de él y por lo que conozco de los hombres, no creo que su reacción sea negativa.
De todas maneras, limitémonos a los datos.

Carmen: ¿Y si me equivoco?

Terapeuta: Si fuera así, ¿no preferirías saber la verdad?

Carmen: Lo que me pide es muy difícil. No puedo llegar de un día para el otro como una Mata Hari devoradora de hombres, se asustaría...

Terapeuta: De acuerdo, entonces vamos a proceder mediante aproximaciones sucesivas. Haremos una secuencia por grados de dificultad, no sólo para que él se acostumbre al cambio, sino para que tú también puedas habituarte al miedo. ¿Qué te parece si comenzamos con la conducta de tomar la iniciativa? Puedes buscar una manera suave y educada para decirle que quieres estar con él.

Carmen: ¿No es demasiada exigencia para empezar?... No sé, no me imagino... Tengo una mezcla de miedo y curiosidad...

Terapeuta: Tu principal obstáculo para ser asertiva es el miedo a dar una mala impresión, a lo que pueda pensar él de ti. Para vencer este miedo debemos reflexionar sobre tres aspectos. Lo primero es la idea que tienes sobre la sexualidad: ni el sexo es inmoral, ni su libre expresión con

> el hombre que amas te convierte en una mujer fácil. Debemos repasar más adelante este punto. Lo segundo se refiere a poder cuestionar la relación sin tanto miedo a perderlo. Por ejemplo: si a él no le gustara tu nuevo comportamiento sexual: ¿qué harías?, ¿reprimirías tu tendencia para que él se sintiera cómodo? Conozco mujeres que han preferido la anorgasmia para adaptarse a la eyaculación precoz de sus maridos. ¿Ése es el sacrificio que quieres hacer? ¿Podrías proyectar tu vida afectiva con un hombre que te impidiera realizarte sexualmente, sabiendo que para ti el sexo es tan importante? Tú también debes cuestionar la relación, ése no es un privilegio que sólo le pertenece a los hombres.
> Lo tercero es que tu silencio no ayuda a resolver el problema. Por lo que me has contado, la relación afectiva no está nada bien y estás muy preocupada al respecto. Me pregunto, entonces, ¿cómo puedes resolver la cuestión ocultando lo que sientes y piensas? Lo único que has logrado con tu discreción es prolongar y ahondar la problemática. Si lo amas tanto como dices, debes correr el riesgo de expresarte, de otra manera, nunca te perdonarás la cobardía.

Por fortuna, las pruebas de realidad fueron exitosas. Al hombre no le disgustó en lo más mínimo la personalidad encubierta y la nueva imagen de su novia. Tal como se había acordado, Carmen tomó la iniciativa y él aceptó complacido. Poco a poco, ella comenzó a cambiar su vestuario, volviéndolo más sensual y juvenil, y él reforzó la conducta regalándole ropa interior no convencional. La tarea más difícil, pero que también arrojó resultados positivos, fue cuando Carmen se aventuró a dar retroalimentación durante el coito y a solicitarle determinado tipo de caricias. Él no sólo accedió, sino que corrió a comprarse un libro sobre "el amante ideal". Un día cualquiera, ella resolvió saltarse todos los pasos programados de la terapia y le regaló a su novio un *striptease*, donde ella era la protagonista; de esta última experiencia, no conozco detalles.

Durante muchos años, Carmen no ejerció el derecho a tener una vida sexual satisfactoria, pero tampoco respetó el derecho a la información de su novio. Muchas parejas pecan en este punto. Si estoy entrando en un proceso de desamor, me siento "alejado" o no estoy satisfecho con algún aspecto de la relación, tengo el *deber de comunicarlo a tiempo, porque mi pareja tiene el derecho a saberlo.*

La imagen social es un factor importante para desenvolverse en cualquier colectividad. Cuidarla y fortalecerla puede resultar una estrategia adaptativa, si somos auténticos y honestos al hacerlo. La dificultad comienza cuando empezamos a creer que valemos por lo que aparentamos, y confundimos apariencia con esencia.

3. El miedo a sentirse ansioso y a comportarse de manera inapropiada

A diferencia de lo que ocurría con la vergüenza de sí mismo, aquí la persona no repudia su esencia, sino su forma de comportarse, sus escasas habilidades sociales o su pobre desempeño a causa del nerviosismo: "La ansiedad no me deja, cuando quiero ser asertivo, me tiembla la voz, no miro a los ojos, mi cuerpo no responde". La ansiedad se clava en el cuerpo, se somatiza, se metamorfosea en cada músculo, se enquista y, como si fuera poco, se nota. La voluntad y las ganas no son suficientes para ser asertivo, también se requiere de una alianza estratégica con la tensión y el estrés.

Un señor muy nervioso, con problemas de tartamudeo, me confesaba: "Ya lo he intentado en muchas ocasiones, pero el resultado es el mismo: cada vez que voy a decirle al idiota de mi vecino que baje la música, me quedo en el *mú* de música... *mú mú*... ¡Dios, parezco una vaca!... Intento hablar y ahí mismo me freno... Si estoy tranquilo, como ahora, las palabras me fluyen, hasta podría dar un discurso sobre los derechos ciudadanos y el problema de los decibeles en el impacto ambiental... Pero cuando estoy cara a cara con mi opositor de turno, sólo me sale un murmullo indescifrable y poco respetable... Nunca pensé que la dignidad tuviera algo que ver con la fluidez verbal..."

No puede negarse que decir bien las cosas, de manera clara, enfática y mostrando seguridad ayuda a que el mensaje sea más contundente. Aun así, la dignidad personal tiene un trasfondo mucho más complejo. Si sólo nos quedáramos en la forma y olvidáramos la importancia del contenido del mensaje, reduciríamos la asertividad a un acto protocolario y superficial. El *contenido verbal* ("qué voy a decir") es el corazón de la asertividad, podría defender mis derechos por internet, sin rostro ni postura, como un fantasma y, pese a ello, ser asertivo.

En el caso concreto de mi paciente, una mezcla de

medicamento y relajación progresiva logró quitar la interferencia de la ansiedad y pudo expresarse asertivamente. Al tranquilizarse, pudo percibirse a sí mismo como más adecuado y seguro. En otras palabras, mejoró su autoeficacia[90] y rompió el círculo vicioso.

La trampa de la ansiedad

El *miedo a sentirse ansioso* genera una trampa circular similar a la de la prevención antes señalada[91]. Una espiral nerviosa ascendente, donde la ansiedad se perpetúa a sí misma. Gráficamente:

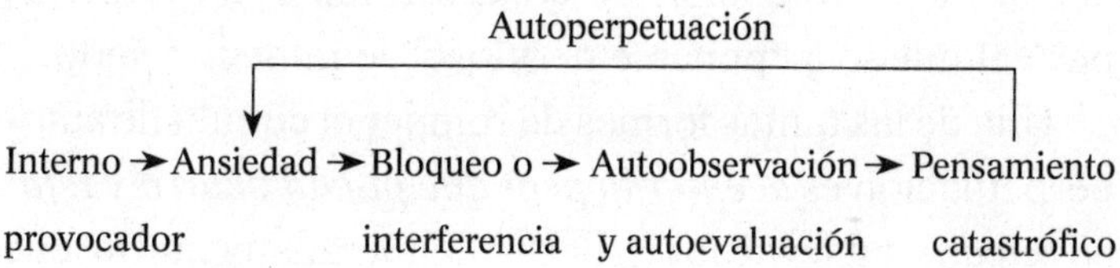

Ejemplifiquemos el gráfico. Un *evento provocador* cualquiera (por ejemplo, el regaño injustificado del jefe en el trabajo) crea una respuesta automática de *ansiedad,* la cual *bloquea o interfiere* el comportamiento (por ejemplo, el subalterno, en vez de pedir explicaciones o defenderse, se pone rojo, se le seca la garganta y se queda "clavado" en el piso). Entonces el sujeto se autoobserva, toma conciencia de su bloqueo y se autoevalúa negativamente. De esta autoevaluación surgen dos pensamientos catastróficos: "Estoy haciendo el ridículo" y "No voy a ser capaz de controlar la ansiedad y disminuirla", los que a su vez incrementan aún más la ansiedad. Su funcionamiento se parece al de las arenas movedizas: cuánto más quiere uno salir, más se hunde.

Con el tiempo esta trampa termina por crear una *fobia a la ansiedad*, donde el miedo genera más miedo. Una señora temerosa de ser asertiva me decía: "No hay nada más preocupante que la preocupación", y tenía razón.

Veamos tres ejemplos de círculos viciosos y si es posible salir de ellos, o no.

Caso 1: La señora a la que le saltaba la cara

Cuando la trampa está tendida, el individuo puede tener la mejor intención de comportarse asertivamente, pero el miedo a "ponerse nervioso" le impedirá serlo.

Una de las tantas formas de romper el círculo de autoperpetuación es *aceptar lo peor que pueda ocurrir y retar el miedo*; sublevarnos y hacer deliberadamente lo que tememos, lo contrario de lo que nos manda la ansiedad. Por ejemplo, podríamos intentar ponernos nerviosos intencionalmente o mostrar abiertamente los signos de ansiedad que tanto queremos ocultar o controlar.

Recuerdo el caso de un señor que vivía obsesionado por su sudor. Cada vez que se sentía observado, se ponía nervioso y sudaba profusamente, lo cual lo hacía poner más ansioso porque pensaba que la gente se daría cuenta de su problema y lo evaluaría negativamente. Aunque usaba ropa blanca y cargaba docenas de pañuelos para esconder la transpiración, había situaciones que de todas maneras no podía controlar.

La única estrategia que logró sacarlo de la trampa fue exhibir el sudor en público, en vez de ocultarlo. Cuando la sudoración se disparaba y comenzaba a hacerse visible, él debía decir: "Vean cómo sudo, observen, siempre he tenido este problema y me da mucho temor que se note, pero he decidido mostrarlo para perder el miedo".

En el preciso momento en que decidimos delatarnos, el círculo se rompe: "Si ya no hay nada que ocultar, si ya nos desnudamos psicológicamente, ya qué importa". La ansiedad comienza a disminuir y con ella los síntomas que tanto nos preocupan. Esta técnica se la conoce como *intención paradójica*.

Una de mis pacientes, una mujer de empresa, exitosa y muy competente, padecía un extraño mal. Cuando alguien le expresaba un desacuerdo o criticaba su punto de vista, justo en el momento de replicar, le saltaba el ojo y le temblaba intensamente el labio superior, de manera tan evidente que era imposible disimularlo. Pero en cuanto resolvía quedarse callada y no enfrentarse, el beriberi desaparecía.

La recomendación psicológica fue utilizar la *intención paradójica*. Se le insinuó que cuando los músculos empezaran a saltar, no los ocultara, sino que tratara de exagerar los movimientos y se refiriera abiertamente a su problema, sin tapujos de ningún tipo. No debía tratar de controlarlo más, sino incitarlo y provocarlo. Después de convencerla de que yo no había perdido la cordura y que el método tenía buenas probabilidades de éxito, decidió aplicarlo a la primera oportunidad.

Al día siguiente, durante un comité de trabajo, uno de los gerentes insinuó que ella había tenido malos manejos administrativos, lo que ponía en duda su honestidad. Como siempre, el ojo y el labio comenzaron a brincar de inmediato, pero a diferencia de otras ocasiones, esta vez no trató de esconder los movimientos faciales sino que procuró aumentarlos y mostrarlos francamente. Se puso de pie y dirigiéndose a todos los asistentes, dijo: "Como pueden ver, me salta todo. No pienso esconderme más. Ustedes ya se habrán percatado de ello y en realidad ya no me importa. Aunque mi voz suene entrecortada y mi cara esté llena de tics, voy a decir lo que tenga que decir, y espero que me escuchen en lugar de mirar mis músculos faciales". Cuanto más hablaba, más le rebotaba la musculatura, y aunque el nerviosismo crecía a pasos agigantados, logró mantenerse firme en su propósito. Al final de la sesión, para su sorpresa, notó que su rostro estaba prácticamente quieto.

A partir de ese día, la ansiedad comenzó a disminuir en cada reunión. La relajación y otros ejercicios de *exposición imaginaria*, donde ella se veía a sí misma enfrentando a un auditorio de manera tranquila, completaron la terapia.

Al sacar a flote lo que la avergonzaba, abiertamente y sin tapujos, la autoperpetuación dejó de existir. La ansiedad comenzó a perder funcionalidad y a interferir menos en su rendimiento. Cuando enfrentó "irrespetuosamente" al miedo, lo catastrófico no resultó serlo tanto y la pesadilla social de ser mal evaluada no fue tan horrible.

Caso 2: La inmovilidad tónica

En algunos casos, la ansiedad es demoledora y el enfrentamiento directo, simplemente, no es posible. Una joven estudiante tenía que participar en una serie de mesas redondas donde se discutían temas polémicos como la eutanasia, el aborto y el sida. Cada vez que intentaba hablar y expresar un desacuerdo o una opinión contraria, literalmente, se inmovilizaba. Palidecía y por unos segundos, que para ella eran una eternidad, la mente se quedaba en blanco.

A este fenómeno se lo conoce como *inmovilidad tónica*[91] y según los expertos es una respuesta motora de miedo que podría haber servido para escapar a ciertos depredadores. En algunos animales, quedarse inmóvil y pasar desapercibidos aumenta su probabilidad de supervivencia. La herencia es testaruda y si algún comportamiento adaptativo entró alguna vez al banco de genes, modificarlo puede tardar miles de años. En el caso de mi paciente, a pesar de que no había depredadores a la vista, su organismo interpretaba la amenaza psicológica (*confrontación* de ideas) como si se tratara realmente de un agresor físico. El mensaje que llegaba a su cuerpo estaba equivocado: "¡Cuidado, depredador a la vista, desactivemos el sistema para que no nos descubra!" Un corto circuito milenario y a destiempo.

En un caso así, el círculo no puede romperse exclusivamente con análisis racional y técnicas psicológicas, porque la respuesta tiene una fuerte connotación biológica. Sólo un tratamiento combinado de medicación y terapia conductual dio resultado.

Caso 3: El hombre que temía defecar en público

Mirarnos a nosotros mismos, observar las propias sensaciones físicas y nuestros estados emocionales, lo que hacemos y lo que pensamos, nos permite evaluar qué tan cerca o lejos estamos de los estándares de funcionamiento a los cuales aspiramos. Al fenómeno de estar atentos a nuestros estados internos se lo conoce como *atención autofocalizada*[92].

La autoobservación es uno de los procesos mentales más importantes para el crecimiento humano, pero si nos excedemos en su uso, colocándolo al servicio de esquemas obsesivos y/o perfeccionistas[93], la enfermedad psicológica puede prosperar fácilmente. La atención autofocalizada extrema es un factor determinante en la conformación de diversas patologías, como por ejemplo, el trastorno de pánico y la hipocondría[94], la depresión[95] y la fobia social[96].

Un paciente administrador de empresas, diagnosticado con fobia social, había desarrollado una fuerte sensibilidad a la información visceral, específicamente a los movimientos peristálticos intestinales. Cada vez que participaba en alguna reunión importante y la ansiedad hacía su aparición, le asaltaba el miedo a no poder controlarse y defecar en público. Aunque estaba consciente de lo irracional de su preocupación, ya que no sufría de ninguna enfermedad orgánica relacionada con las vías digestivas, su mente permanecía atrapada en el colon.

Una de las situaciones donde más se manifestaba el problema era cuando debía ser asertivo. La sola idea de oponerse, marcar límites o simplemente defender sus derechos le disparaba la ansiedad y ésta se localizaba precisamente en el intestino, al menos, así lo percibía. Su mente podía detectar el mínimo cambio en su funcionamiento digestivo y anticipar de manera catastrófica deposiciones vergonzantes que nunca ocurrían.

Cuando bajaba la guardia y descartaba toda forma de respuesta asertiva, se tranquilizaba, los movimientos intestinales volvían a su estado natural y el miedo a perder el control de esfínteres desaparecía como por arte de magia. La ecuación interpersonal era desastrosa: a más inasertividad más tranquilidad, o dicho de otra manera, cuanto más agachaba la cabeza menos miedo a defecar.

Como su temor era infundado, se decidió utilizar una combinación de intención paradójica y experimento conductual. Un día cualquiera tuvimos una discusión porque llegó tarde a mi cita, lo que lo puso muy nervioso. En un momento dado, se tocó el abdomen con ambas manos y se echó para atrás en la silla tratando de relajarse. Me dijo que sentía ganas de defecar y que necesitaba con urgencia un baño, a lo que respondí que estábamos ante una buena oportunidad para desconfirmar su creencia irracional y salir del círculo vicioso. Entonces le pedí que procurara defecar ahí mismo, en sus pantalones. Al escuchar mi sugerencia se quedó de una pieza. Primero me miró con una mezcla de asombro e incredulidad, como si se tratara de un mal chiste, pero luego, cuando comprendió que la propuesta iba en serio, su rostro adoptó la expresión del terror.

Al ver su reacción, procuré darle confianza, y después de un complicado tire y afloje en el que le expliqué varias veces la lógica del procedimiento, accedió de mala gana a intentarlo. Al principio empezó con timidez y recelo y más tarde, al ver que no ocurría nada, tomó coraje y sus aproximaciones fueron cada vez más arriesgadas. Afortunadamente para ambos, la predicción no se cumplió. Él comprendió de manera vivencial que la urgencia de defecar no era más que una falsa alarma originada en el miedo que sentía a perder el control.

El organismo y los condicionamientos sociales hacen muy difícil que podamos perder el control sobre nuestras funciones vitales. No podemos "olvidarnos de respirar" (la fisiología no nos dejaría), como tampoco creo que podamos suicidarnos tapándonos la nariz, aunque es mejor no hacer la prueba.

¿Qué tan importante es la forma de transmitir el mensaje?

Como hemos visto hasta aquí, la ansiedad puede alterar significativamente la topografía de la conducta asertiva, es decir, su forma. Algunos de estos *componentes verbales* (por ejemplo, volumen de la voz, entonación, fluidez verbal) y no verbales (por ejemplo, expresión facial, mirada, postura) han sido especialmente estudiados por los expertos en habilidades sociales en un intento por mejorar el impacto del mensaje[97,98].

Si tomamos en cuenta los datos obtenidos hasta el momento, podríamos dar la siguiente recomendación: si usted desea ser asertivo, no descuide la manera de expresarse, pero tampoco olvide que no debe sacrificar el contenido verbal, es decir, el tema central del mensaje. Sería recomendable evitar los extremos de cada componente, ya que suelen ser mal evaluados y pueden alterar la calidad de la información. Por ejemplo, no sostener la mirada (mirada huidiza) es típico de la gente sumisa, pero mirar demasiado intensamente (mirada penetrante) es una de las características de los sujetos agresivos. Una gesticulación pobre es síntoma de inasertividad, pero una expresión gestual histriónica y exagerada produce hastío. Un volumen de voz muy bajo demuestra inseguridad, pero uno muy alto puede generar miedo. Una entonación monótona puede crear la impresión de poca emotividad o compromiso, y un énfasis demasiado marcado puede dar lugar a malas interpretaciones. Si usted decide ser asertivo, debería tener en cuenta los indicadores expresivos verbales y no verbales de la asertividad y tratar de no pecar por exceso ni por defecto.

Analicemos en detalle cada uno de estos elementos moleculares, que le dan forma a la conducta asertiva:

» **Mirar a los ojos.** La mirada huidiza es típica de las personas inasertivas. Ellas buscan desconectarse en vez de conectarse, escapan a cualquier tipo de contacto y especialmente al contacto ocular; los ojos hablan y esculcan. La mirada siempre nos desnuda y nos pone frente a frente con lo que somos. Sostener la mirada es una manera de mostrar valentía y también abrirse a la indagación del prójimo. El asertivo no escapa a la mirada, la sostiene el tiempo necesario para establecer un buen empalme. ¿Qué sentimos cuando alguien nos esquiva la mirada? Dos cosas: desconfianza, porque suponemos que tiene algo que esconder, y rabia, porque al ignorarnos no nos considera un interlocutor válido.

» **El volumen de voz.** La voz poco audible produce incomodidad. Las personas que se sienten intimidadas por los modelos de autoridad suelen bajar los decibeles abruptamente. La creencia es que si menguamos el volumen, el impacto del mensaje no ofuscará tanto al receptor. Los inasertivos utilizan un volumen de voz demasiado bajo, lo que dificulta la comunicación, además de dar una mala imagen. ¿Qué impresión nos llevamos de alguien que habla con un volumen de voz bajo? Sería evaluada como una persona tímida e insegura.

» **Modulación y entonación de la voz.** Hay personas que hablan como un ordenador de última generación. Son planos, aburridos, sin inflexiones y supremamente monótonos. La entonación comunica sentimientos, nos hace humanos, nos hace simpáticos, empáticos o antipáticos. La amistad va de la mano de la entonación, porque los amigos se cantan la amistad cuando hablan. Y los que no se quieren, lo hacen con sarcasmo, cinismo o desinterés, es decir, con entonaciones odiosas. Conclusión: las relaciones humanas son musicales. Conozco personas a las que no se les distingue la pregunta de la afirmación, deslucen en cada conversación, carecen de oído. La entonación siempre implica interés, si nuestro interlocutor es parco, no nos sentimos queridos. El lenguaje que no se saborea es una proclama leída en otro idioma, no se entiende ni se degusta. ¿Qué sentimos cuando alguien nos habla con una entonación pobre y sin modulación afectiva? Aburrimiento, desconexión, un peso en el cerebro y pereza de responder.

» **Fluidez verbal.** La fluidez verbal requiere espontaneidad y seguridad. Los tiempos muy largos de respuesta, donde se piensa demasiado, crean angustia en el que está esperando el mensaje. Hay individuos que se demoran siglos en contestar como si cada conversación fuera una cuestión de vida o muerte. Sin embargo, la mayoría de las relaciones interpersonales no son tan trascendentes como para poner a funcionar todo el sistema cognitivo a su máxima potencia. Si nos dicen: “Hola, ¿cómo estás?”, no tenemos que hacer una revisión exhaustiva sobre nuestra calidad de vida en los últimos meses o elaborar el trauma de la primera infancia. Las personas inseguras creen que cada pregunta es un problema que deben resolver. Los inasertivos utilizan un arsenal de recursos inadecuados: circunloquios y muletillas (pues..., este..., bueno...), silencios entre frase y frase, repeticiones y aclaraciones innecesarias, disculpas reiteradas, insinuar en vez de afirmar, en fin, rodeos y amagues de todo tipo. ¿Qué sentimos cuando estamos hablando con alguien que carece de fluidez verbal? Impaciencia, desesperación y ganas de sacudirlo.

» **La postura.** La postura de los sumisos es inconfundible. El cuerpo suele estar más inclinado que su interlocutor y la cabeza un poco más agachada de lo normal, dando la impresión de una reverencia sutil. La postura comunica actitudes, y el inasertivo, con su sola presencia física, demuestra que lo único que desea es no molestar ni someterse. Algunos adoptan el saludo militar y luego de una imperceptible genuflexión agregan un apaciguado: “Sí, señor”. En Latinoamérica es común oír expresiones como: “¡Mande!” o “¡A la orden!” Algunos dirán que es cortesía, pero para mí son reminiscencias del colonialismo español que han calado muy hondo. ¿Qué sentimos cuando una persona se inclina ante nosotros de manera servil? Rechazo y distanciamiento. Es difícil acercarse afectivamente a alguien que no se respeta a sí mismo. La sumisión, al igual que la cobardía y otras debilidades, produce rechazo. (A no ser que el delirio de grandeza nos active el efecto "sube y baja": cuanto más se inclina el otro, más levantamos la cabeza.)

» **Los gestos.** El gesto es la entonación del cuerpo. Es el que acompaña físicamente al lenguaje y completa su sentido. El gesto es lenguaje no hablado, silencio que delata, expresión en estado puro. Se puede gesticular con todo el organismo, pero es en el rostro donde más se configura lo que somos. No sólo miramos a los ojos, también observamos las arrugas, las cejas, la boca, las comisuras, la nariz, las orejas, y todo a la vez. Los gestos de los individuos no asertivos suelen estar desfasados con respecto al lenguaje hablado. Hay cierta ambigüedad en el mensaje. Pueden asegurar que están alegres, pero se los ve tristes, o lo contrario. De manera similar a lo que ocurre con la entonación, las expresiones gestuales suelen ser frías, impasibles y serias, como si los músculos de la cara estuvieran anestesiados. ¿Qué sentimos cuando estamos frente a una persona con poca expresión gestual? Desconcierto, incertidumbre, desconfianza.

» **El contenido verbal del mensaje.** El contenido del mensaje asertivo es la transcripción en palabras de la meta que deseamos alcanzar. Debe ser claro, explícito, directo y franco y, tal como vimos, considerado y respetuoso de los derechos ajenos. El contenido no puede tener puntos medios, es el único componente que no puede ser negociable: no puedo fallar en lo que digo: es o no es. Hay personas que a punto de expresar sus pensamientos o sentimientos terminan diciendo otra cosa, cambian el tema, porque el miedo o la inseguridad se lo impiden. Si es así, simplemente no fueron asertivas, no importa qué tan bien se hayan expresado. Si me veo obligado a manifestarle a alguien que ya no me siga robando, puedo hacerlo de mil maneras, hasta con música, pero la esencia del mensaje debe estar presente. En resumen: *no se puede cambiar el contenido del mensaje y seguir siendo asertivo.* ¿Qué sentimos cuando descubrimos que alguien no dice lo que piensa? Indignación e ira.

4. El miedo a las figuras de autoridad

Muchas personas relacionadas con modelos de autoridad pueden quedar atrapadas en un conflicto atracción/repulsión: *necesito la fortaleza y la seguridad que me brinda la autoridad para sobrevivir, pero temo que me quite autonomía.*

Los que ostentan la autoridad pueden ser democráticos y participativos en el manejo de la misma o déspotas y dominantes a la hora de aplicarla. Como sea, estar cerca de quien ostenta el poder genera una ambivalencia entre las ventajas y las desventajas que esta persona ofrece.

Los padres con personalidad autoritaria inculcan valores rígidos, miedo a desobedecer, sentimientos de hostilidad generalizados y la tendencia a crear estereotipos y prejuicios sociales[99].

De manera similar, los padres que hacen uso de la fuerza y exigen obediencia ciega de sus hijos, inducen un estilo orientado a la culpa y el autocastigo[100]. En general, los métodos disciplinarios orientados al castigo y a la retirada de afecto provocan patrones de escasa regulación afectiva, miedo y depresión[101].

Un número considerable de adultos depresivos recuerdan a sus padres como intrusivos, rechazadores y controladores[102]. Los datos no mienten.

No es nada fácil ser asertivo con una persona que ejerza dominio psicológico en el grupo de referencia, más aún si hay una vinculación afectiva. La historia personal crea una serie de condicionamientos que no son fáciles de eliminar. Como el caso del león que desde cachorro había sido criado por un pequeño perro que lo maltrataba y lo asustaba todo el tiempo, y cuando el león creció y se hizo un grande, fuerte e imponente, al ver al insignificante can u oír su ladrido, todavía salía corriendo muerto del miedo. El pasado no perdona, si nos quedamos anclados a él. Los temores que creamos en la temprana infancia pueden arrastrarse toda la vida como un lastre insoportable.

Clara era una estudiante de sexto semestre de ingeniería. Su motivo de consulta fue su exagerada dependencia emocional. Era una mujer extremadamente inasertiva, con escasas habilidades sociales y altamente sensible a la no aprobación. Evitaba en lo posible las relaciones interpersonales y casi no tenía amigas.

En una de las citas, surgió un tema del cual se avergonzaba y nunca había querido hablar con nadie. Durante su infancia, entre los seis y nueve años, había sido sometida a abuso sexual por uno de sus tíos, el hermano menor de su madre; un hombre muy rico que cumplía un papel protagónico al interior de la familia y de quien dependían económicamente la mayoría de sus integrantes.

La mortificación de Clara era constante, ya que no había sido capaz de enfrentar al hombre y acusarlo públicamente. Además, se sentía moralmente responsable por lo que pudiera sucederles a sus pequeñas primas. Por desgracia para Clara, las reuniones familiares la obligaban a ver a su tío con frecuencia, lo que era un suplicio. Un día tuvimos la siguiente conversación:

Terapeuta: ¿Qué te impide enfrentarlo?
Clara: Le tengo pánico... Cuando lo miro a los ojos siento escalofríos... y asco...
Terapeuta: Me decías que te sientes responsable de lo que pueda pasarle a tus primas. ¿No piensas hacer nada?
Clara: Yo sé que debería... Eso me quita el sueño... También tengo miedo a que mi madre se entere, ella lo quiere demasiado...
Terapeuta: ¿No te asalta la indignación cuando estás frente a él?
Clara: Créame, he estado a punto de hablar... Pero algo me detiene... Puede sonar estúpido, pero me parece que le voy a faltar al respeto... Todo el mundo le rinde pleitesía... No sé qué pasaría si se enteraran de algo así...
Terapeuta: Te entiendo perfectamente, pero si guardas silencio terminarás convirtiéndote en su cómplice.

Recuerda que no sólo se trata de hablar con él, sino de hacerlo público, alertar a la gente...

Clara: Sí, sí...

Terapeuta: Aunque pueda parecer obvio, tratemos de ver a qué le temes exactamente.

Clara: ¡Fue el sujeto que abusó de mí! ¿No es suficiente? Terapeuta: Me refiero si hay alguna otra razón... Como por ejemplo su aspecto, su manera de ser, lo gestos... Muchas veces el miedo a los modelos de autoridad pueden concentrarse de manera no consciente en detalles elementales y aparentemente sin sentido, que pueden obstaculizar el enfrentamiento.

Clara: No sé... Quizás su porte... Es grande, hace pesas, y se ve como... primitivo... Cuando se ofusca abre las fosas nasales, me recuerda un chimpancé... Su manera de respirar...

Terapeuta: ¿Quieres resolver este problema? ¿Realmente quieres? ¿Lo deseas con todo tu ser, es vital y no negociable?

Clara: Sí, así lo siento.

Además de otros objetivos terapéuticos relacionados con el abuso y el consiguiente trauma, una de las primeras metas fue atacar el miedo a su tío para que pudiera expresar asertivamente lo que tenía guardado. Cuando le tenemos miedo a alguien por lo que representa, lo recomendable es meterse a la boca del lobo, pero sin que el lobo se percate: romper el distanciamiento defensivo y penetrar en el territorio "enemigo".

Durante algún tiempo, Clara se preparó de dos formas. La primera consistía en imaginarse a sí misma siendo asertiva con su tío y expresando directamente su dolor. La segunda era *in vivo*, y consistía en no evitarlo. Por el contrario, cada vez que lo tuviera al frente o se lo encontrara en una reunión, debía mirarlo a los ojos y observar con detenimiento sus fosas nasales. La tarea era aproximarse a él y permanecer en su territorio tratando de que su sistema nervioso se habituara al hombre. Incluso podía hablar con él, intentando que sus componentes verbales y no verbales fueran adecuados. Es decir, la idea era practicar con él, sin que él lo supiera.

Finalmente, cuando pudo procesar adecuadamente la experiencia traumática y el miedo comenzó a disminuir, convocó a una asamblea familiar y contó lo sucedido. Allí reveló crudamente los hechos y puso en alerta a los padres de las otras víctimas potenciales. Sin embargo, para su sorpresa y la mía, la mitad de los asistentes no le creyeron y prefirieron seguir siendo fieles a su benefactor. La madre de Clara aún no cree que el abuso haya existido.

La conducta asertiva de Clara tuvo cuatro consecuencias positivas: alertó a los padres de las niñas, completó el proceso de recuperación del trauma, fortaleció su dignidad y desenmascaró a su tío.

El miedo a las figuras de autoridad nace de la creencia de que hay personas superiores, que poseen más derechos y que saben lo que es conveniente para uno. Esta idea es supremamente peligrosa, porque nos lleva de manera automática a rendir pleitesía y a obedecer por obedecer. El culto a la autoridad, cualquiera que sea su origen, nos hace confundir la idolatría con el respeto. Hay una diferencia fundamental entre ser ídolo y ser un líder positivo. Al ídolo se lo venera o se lo envidia: la mente se obnubila y se doblega ante la fascinación. Al líder verdadero se lo respeta: la mente se expande, crece en admiración no reverencial. El líder inteligente deja ser, es discreto, ayuda sin ser visto, nos pone en el camino del pensamiento y nos induce a ser libres.

CONCLUSIONES: TRES PRINCIPIOS PARA CONTRARRESTAR LA INTERFERENCIA DE LA ANSIEDAD SOCIAL

El coraje es uno de los atributos que debe acompañar a la persona asertiva. Como virtud, se ubica en el justo medio entre la actitud imprudente e irreflexiva del temerario (agresividad) y la flaqueza del cobarde (sumisión).

Aristóteles, en *Ética para Nicómaco*, dice:

> El cobarde, el temerario, el valiente, entonces, están en relación con las mismas cosas, pero se comportan de diferentes maneras frente a ellas. Pues los dos primeros pecan por exceso o por defecto, mientras que el tercero mantiene el justo medio y como es debido.

Y en un apartado posterior, de manera más explícita, agrega:

> Temerario es el que no teme ni lo que debería temer, ni cuándo ni cómo; cobarde, por el contrario, aquel que teme lo que no debería, y cuando no debería y como no debería.

El asertivo es valiente, pero en un sentido realista. No es inmune al miedo, sino que lo enfrenta, pelea con él, intenta dominarlo. Lo que define al coraje no es la ausencia de miedo, sino la voluntad de vencerlo.

En *Cartas a Lucilo*[103], Séneca cita a Epicuro, en la siguiente premisa:

> Si vives con arreglo a la naturaleza, nunca serás pobre; si vives con arreglo al qué dirán, nunca serás rico.

Y luego, añade:

> La naturaleza exige poco; la opinión de los demás, mucho. [...] Los deseos naturales se acaban; los que provienen de la falsa opinión no tienen cuándo detenerse, pues lo falso no tiene término ninguno.

La necesidad de aprobación y el consecuente temor a la evaluación negativa pueden durar toda la vida, si dejamos que la cobardía decida por nosotros.

Aunque las formas de afrontar la ansiedad social pueden ser muchas y variadas, presentaré tres principios que pueden ayudar a enfrentar y "razonar" la ansiedad de una manera más saludable. Aunque no está de más señalar que las enfermedades psicológicas del miedo, como por ejemplo las fobias severas, la ansiedad generalizada, los desórdenes obsesivo/compulsivos o el trastorno de pánico, entre otras, requieren tratamiento especializado.

El principio de la aceptación incondicional: "Soy valioso"

Este principio es fundamental para la salud mental. La regla es maravillosamente simple:

> Debo aceptar mi esencia. En tanto esté vivo soy valioso per se, sin razones ni motivos, no por lo que haga o haya dejado de hacer, tampoco por lo que tenga o haya tenido alguna vez. Mi valía personal radica en mi existencia, no en mis logros. Mis éxitos o fracasos no pueden medir mi valor esencial como ser humano, simplemente porque soy más que eso.

La aceptación incondicional sugiere que puedo reconocer y criticar mis errores, sin considerarme despreciable e indigno por ello. Mi dignidad nunca está en juego. Una cosa es aceptar que debo cambiar porque me he equivocado y otra condenarme a mí mismo como ser humano. La autocrítica sana es la que llega desde el amor propio: "Me critico porque me quiero y deseo mejorar", y no desde el autodesprecio. Soy mucho más que mis errores. Soy humano, muy humano, demasiado humano, diría Nietzsche.

Hagamos una analogía con el amor que sentimos por nuestros hijos mayores, para luego trasladarlo a nosotros mismos. Hay muchas cosas de ellos que nos disgustan y que incluso no soportamos con facilidad. Podemos considerar que algunos de sus comportamientos son francamente desagradables, podemos criticarlos y regañarlos y, sin embargo, a pesar de la inconformidad y de los dolores de cabeza que nos propician, los queremos a rabiar. El amor que les tenemos nunca está en juego, jamás se condiciona a una buena nota o a que se porten bien. Condicionamos los premios o los privilegios *a la conducta*, pero no el afecto. Los queremos por lo que son, con lo bueno y lo malo a cuestas. Más aún: cuantos más problemas tienen más los amamos, porque más nos necesitan. El amor por nuestros hijos no está condicionado.

De manera similar, la autoaceptación incondicional es un factor de protección para la autoestima. Puede que me enfade conmigo mismo, que no me soporte un día o que ni siquiera me provoque mirarme al espejo, pero a pesar de todo, nunca cuestiono mi valía, nunca pongo a tambalear mi amor propio, no trato de destruirme. Es un deber para con la vida que cargo, más que un derecho.

Usted puede y tiene la obligación de cambiar, y más cuando su comportamiento afecta irracionalmente al mundo que lo rodea o a usted mismo. Pero esta transformación debe estar fundamentada en la **convicción** de que se equivocó y no en la idea de que usted es "malo" y "debe hacerse bueno". De hecho, puede sentirse mal por lo que hizo, pero no autocondenarse. Y mientras todo esto ocurre, mientras usted se critica y su mente trata de comprender qué fue lo que ocurrió y por qué falló, su verdadero "yo" se conmueve, se quiere, se cuida y se renueva.

Aceptarse incondicionalmente, pese a ser imperfecto, es cerrarle la entrada a la vergüenza patológica y también despreocuparse por el fastidioso "qué dirán". La imagen psicológica que proyectamos, aunque suene a retórica, es el reflejo de lo que somos por dentro. Si nos sentimos bien con nosotros mismos, seremos auténticos y asertivos, no habrá nada de qué avergonzarnos ni nada que esconder. Lo que cuenta es la identidad, el núcleo duro del que estamos hechos. Una persona que se siente digna no es intachable, sino transparente; no busca aparentar, sino ser.

El principio de comparar las ideas con la realidad: "Pensar como científico"

Los humanos somos expertos en el arte del autoengaño. Los túneles de la mente son un gigantesco laberinto donde muchas veces nos perdemos a nosotros mismos. Nos gusta fantasear, soñar despiertos, crear utopías, hacer pases mágicos, imaginar lo que no existe y transformar lo que existe para hacerlo inimaginable. Construimos mundos fabulosos, fantasmagóricos y encantados, para escapar de la realidad. Así somos y no está mal, si sabemos detenernos a tiempo.

Piattelli Palmarini[104] señala que nuestro inconsciente cognitivo comete inmensos errores a la hora de procesar la información. Mostramos una excesiva confianza en las predicciones que hacemos, sacamos correlaciones ilusorias, utilizamos el pensamiento mágico para tomar decisiones, nos quedamos anclados a los paradigmas, confundimos la parte con el todo, sufrimos de daltonismo para las probabilidades, en fin, alteramos la información a nuestra conveniencia y, lo que es más grave, nos sentimos orgullosos de hacerlo. Parece que somos una forma evolucionada de ignorancia atrevida.

Nuestra mente funciona con una regla conocida como *racionalidad restringida*[105,106], que consiste en negar o excluir la información que no coincida con nuestras creencias y facilitar el procesamiento de aquellos datos que sí sean congruentes con ellas. Es decir, hacemos trampa y fomentamos el autoengaño a nuestra conveniencia. Para mermar un poco la culpa y hablar a nuestro favor, podemos decir que esta "distorsión acomodaticia" no es consciente.

Pero no todo es negativo. Hay personas racionales, en el buen sentido (es decir, que hacen uso moderado e inteligente de la razón), que procuran por todos los medios a su alcance no sesgar ni alterar demasiado la información y ceñirse, como lo haría cualquier buen científico, a la prueba de la realidad. Así, cada pensamiento es tomado como una hipótesis que hay que cotejar con los hechos. Esta actitud no significa que debamos andar de bata blanca y poner cara de ratón de laboratorio. Tampoco implica eliminar el juego ilusorio de nuestra vida, descartar de plano el encanto de las intuiciones o matar las emociones: simplemente se trata de poner a trabajar la lógica, cuando sea necesario hacerlo.

Lo que señala el *principio de someter las ideas a prueba* es verificar si nuestros pensamientos tienen fundamento o no. Dejar que sea la realidad *objetiva* la que confirme o desconfirme las predicciones.

Las personas ansiosas se la pasan haciendo anticipaciones catastróficas que generalmente no se cumplen. Una de mis pacientes sufría de *ansiedad generalizada* (GAD, por sus siglas en inglés) y vivía profetizando cosas horribles como enfermedades terminales, violaciones, robos y terremotos. La prueba de realidad consistió en registrar las predicciones negativas que hacía diariamente y ver cuántas de ellas ocurrían en un lapso de seis meses. Los registros mostraron alrededor de diez mil anticipaciones calamitosas (unas cincuenta diarias), todas erradas. La cifra total calculada para los diez años que había padecido de ansiedad generalizada fue de ¡doscientos mil vaticinios no cumplidos! La conclusión se caía de su peso: "Usted no es la mejor pitonisa".

Espinosa, en la Proposición 73 de la *Ética*, expresa:

> Al hombre que se guía por la razón, no es el miedo el que lo lleva a obedecer.

Decisiones basadas en lo "razonable". Me pregunto si no será que la moda de la *inteligencia emocional* nos ha hecho descuidar las "buenas razones". El hombre "guiado por la razón" del que habla Espinosa es aquel que se inclina ante la evidencia empírica.

Explorar nuestros pensamientos y someterlos al exhaustivo examen de los hechos va creando una actitud saludable, antidogmática y abierta al mundo. Sin la curiosidad experimental de saber qué tan lejos o cerca estamos de la verdad, seguiremos aferrándonos a la superstición y amparándonos en la irracionalidad.

El principio de la exposición activa: "Retar al miedo"

El conocimiento, el saber, la razón y la lógica pueden aminorar algunos miedos y eliminar otros de manera radical, sin embargo, no proporcionan necesariamente coraje. La valentía es una actitud, como decía Descartes, que tiene bastante de pasional. No podemos vivir sin arrojo, lo necesitamos para amar, para llorar, para gritar, para defendernos, para renunciar, para combatir, para decir no, para ser feliz, y para mil cosas más. El coraje es el motor de la existencia digna.

Tal como dije en otra parte, ser valiente no es ser suicida, sino mezclar pasión y razón para sostenerse un minuto más que los demás en la situación temida. ¡Aguante un segundo más y será condecorado! El héroe no desconoce la adrenalina, la vive intensamente, la soporta hasta alcanzar su meta. No hay heroísmo sin tozudez, y no hay valentía sin esfuerzo.

La persona que ejercita el coraje como virtud jamás olvida la excepción a la regla, es un experto en discriminar cuándo se justifica y cuándo no, reconoce que para deponer las armas también se necesita coraje. Otra vez Espinosa y su *Ética*:

> En un hombre libre, pues, una huida a tiempo revela igual firmeza que la lucha; o sea, que el hombre libre elige la huida con la misma firmeza o presencia de ánimo que el combate. (Corolario de la Posposición 69.)

Yo agregaría que además de la grandeza moral, se requiere de inteligencia práctica: capacidad de pensar y evaluar las consecuencias. Para que el coraje sea virtuoso, además de un corazón enardecido, se necesita un cerebro bien puesto.

En psicología clínica, la regla principal para vencer el miedo es enfrentarlo, exponerse a él y agotarlo. Obviamente, muchos de estos actos de valentía deben ceñirse a ciertos procedimientos técnicos, ya que si la exposición está mal planeada, el paciente puede sensibilizarse. Pero en términos generales, nadie duda que la audacia y el experimentalismo responsable, como forma de vida, disminuyen las probabilidades de adquirir enfermedades psicológicas relacionadas con la ansiedad.

El *principio de la exposición activa* propone un estilo orientado a asumir los riesgos necesarios para vencer el miedo. Es imposible superar el temor, cualquiera que sea, mirándolo a la distancia, negándolo o escapando. Hay que aventurarse y meterse en el ojo del huracán, ya sea de manera suave o abrupta, solos o con ayuda profesional, con medicamentos o sin ellos, como sea, hay que luchar contra el miedo, o si se quiere, hay que "padecerlo" hasta que nos podamos reír de él. Hay que retarlo, llamarlo, invitarlo a entrar y jugar de local: *hay que asustar al miedo.*

EPÍLOGO: UNA GUÍA PARA ORGANIZAR Y "PENSAR" LA CONDUCTA ASERTIVA

La siguiente guía resume los aspectos más importantes señalados a lo largo del libro, para poder organizar y "pensar" con calma la conducta asertiva.

El esquema funciona como un árbol de toma de decisiones que permite reflexionar sobre cada aspecto de la asertividad. Si bien en muchas situaciones de la vida diaria no podemos pensar antes de actuar, mi experiencia clínica es que el uso reiterado de esta autoguía va familiarizando a las personas con el proceso de toma de decisiones necesario para defender los derechos. La práctica reiterada hará que la conducta se desprenda de los controles voluntarios y se vuelva más automática y espontánea.

1. ¿La situación provocadora que me impulsa a ser asertivo es real o es producto de mi prevención o imaginación?

Usted debe estar seguro de que no haya fallas en su percepción. La persona que aparentemente ha violado sus derechos puede haberlo hecho sin intención o debido a una desafortunada equivocación. Si usted concentra la atención de manera inadecuada o malinterpreta el mensaje recibido, obrará como si realmente existiera una razón valedera para ser asertivo, sin haberla.

No se trata de excusar el comportamiento agresivo o abusador, sino de asegurarse si verdaderamente existió la afrenta. De ser así, pase al segundo punto. Pero si la revisión indica un error de percepción de su parte, no prosiga: la asertividad sobra.

2. ¿Qué siento y cómo me siento?

Es muy importante discriminar el tipo de emoción que está detrás de la asertividad. La emoción es aquí una señal muy importante, ya que será el motivador afectivo que estimule su conducta. Aunque no es fácil clasificar los sentimientos, es importante que al menos usted haga el intento de identificar la emoción de fondo que le impulsa a ser asertivo. Existen motivaciones negativas como la envidia, llamar la atención o la competencia poco sana, que pueden confundirse y desviar el comportamiento asertivo de su verdadera filosofía.

Usted puede negar lo que siente tratando de minimizar el problema. Por ejemplo: "No me afecta que mi cuñada se aproveche de mí, no me da rabia", cuando en realidad le gustaría matarla. En otros casos, usted puede aceptar el sentimiento pero sólo de manera incompleta: "Debo reconocer que es incómodo que mi mujer tenga un amante", cuando en realidad desearía llorar a los gritos porque se siente como un niño abandonado a su suerte. Lo que usted siente es de suma importancia, no lo subestime ni lo distorsione.

¿Qué emoción impulsa la asertividad? La indignación: entendida ésta como cólera ante la injusticia. Sentirse indignado es sentir rabia porque alguien se aprovechó injustamente de usted o de otra persona.

Si no lo siente así, si no está presente en usted la energía de la emotividad (obviamente bien manejada), tendrá dificultades para desarrollar el tercer punto.

3. ¿Es vital para mí responder a esta situación?

Esta pregunta apunta a los derechos fundamentales. A cuestionarse si se siente vulnerado en algún principio fundamental y si realmente se justifica desde el punto de vista ético actuar asertivamente. Es un momento álgido en la toma de decisiones: ¿es vital ser asertivo o puedo dejar pasar el hecho sin sentirme violentado? ¿Estoy respondiendo a una provocación insustancial e insignificante o se trata de algo verdaderamente importante para mí? ¿Hasta qué punto mi patología personal está influenciando mis apreciaciones?

Para responder estas preguntas usted debe tener en cuenta no sólo lo que está sintiendo, sino además su código ético y sus más profundas convicciones. Hasta qué punto, en esta situación específica (siendo lo más objetivo posible, sin autoengañarse y tratando de no dejarse influenciar demasiado por sus paradigmas), es vital, imprescindible, básico, no negociable o valioso ser asertivo. Se trata de una decisión de fondo, donde la razón se junta con el sentimiento, a la luz de los derechos personales.

Aunque, debido a su importancia, la temática de los derechos está presente en todo el texto, usted puede releer en especial *Los derechos asertivos* de la parte 1 o, si desea ubicarlo en un contexto ético/psicológico, la parte 2 ofrece algunas bases para reflexionar.

No olvide que el autoengaño siempre anda rondando. Es muy fácil decir, como lo he escuchado algunas veces: "No, no importa que mi pareja me maltrate", mientras se limpiaban con un pañuelo la sangre. Para cualquier ser humano normal, el maltrato no es negociable.

Sea relativamente estricto en esta parte, consulte con el corazón, pero póngale mucha cabeza. Si su respuesta a la pregunta inicial es: "No, no es vital", no siga adelante con el paso cuatro. Pero aun así, mi recomendación es que revise una vez más los argumentos por los cuales consideró desechar la asertividad. Esté seguro, muy seguro, de que el derecho violado no es vital, no vaya a ser que los túneles de la mente le estén jugando una mala pasada.

4. ¿Cuál es mi meta?

Si usted no tiene claro hacia dónde apunta y qué espera lograr con la asertividad, su comportamiento perderá fuerza y dirección. Es probable que termine desviándose de sus propósitos iniciales. Por ejemplo: si su meta es recuperar un vestido que ha prestado hace algún tiempo, no tiene mucho sentido dar una lección de moral a la persona que se lo quedó, si con eso dilata o impide la entrega del vestido.

Veamos un caso hipotético donde la meta es *expresar un sentimiento de inconformidad y sentar un precedente*, pero el sujeto (Juan) se pierde en el camino.

Juan: Me siento muy incómodo cuando utilizas mis cosas sin pedirme permiso. Quería que lo supieras.

Andrés: No entiendo por qué te incomodas. No me parece que deba pedirte permiso. ¿Acaso no estamos compartiendo el mismo armario? ¿Acaso no somos hermanos?

Juan: Independientemente de tu opinión, quería que supieras que a mí no me gusta. (Hasta aquí, muy bien. Juan se reafirma y no se distrae.)

Andrés: No te entiendo.

Juan: ¿Qué es lo que no entiendes? ¡Eso sí es el colmo! (Aquí, Juan se aleja de la meta, porque su objetivo no era hacer que el otro "entendiera", sino simplemente dejar sentado un precedente.)

Andrés: A mí no me incomodaría.

Juan: Yo siempre te he pedido permiso. (Juan ya entró en el juego de Andrés: empezó a disculparse por cuestiones del pasado que nada tenían que ver con su meta básica.)

Andrés: Y aunque no lo hicieras, yo no me preocuparía. Lo mío es tuyo. (Estocada mortal. Manipulación por culpa, Juan queda arrinconado.)

Juan: Eso no lo creo. Decir las cosas es muy fácil. A nadie le gusta que le agarren sus cosas sin pedir permiso.

Andrés: Yo no soy egoísta.

Juan: Eso es lo que tú crees: ¿qué entiendes por egoísmo?

Juan perdió definitivamente la mira de su conducta y terminó en un problema cuasi filosófico sobre el egoísmo, cuando lo que quería era simple y llanamente expresar un desacuerdo. La meta de Juan, en este caso, no era que su hermano comprendiera la diferencia entre el bien y el mal. Podría pensarse que si Andrés pudiera comprender las motivaciones profundas de Juan sería más fácil convencerlo. Sin embargo, este argumento es sólo parcialmente cierto: conocer la virtud no nos hace más virtuosos ni evita los delitos.

Durante el diálogo asertivo, el objetivo original debe tenerse siempre presente. Juan se desvió a una segunda meta: "Debo hacer que entienda mis razones". Pero podría haberse dicho a sí mismo: "No me importa demasiado que entienda mi motivación, sólo quiero hacerle saber que no estoy de acuerdo con su manera de proceder. Si no cambia de conducta, veré qué hago, pero por ahora, lo único que quiero es sacarme esta acumulación de rabia". No todo puede hacerse por consenso. La idea de mantener la meta a lo que dé lugar no debe interpretarse como la adopción de una postura rígida, inmodifica ble o desconsiderada para con otros.

Juan podría haber utilizado el *disco rayado*, que consiste en repetir la misma frase, una y otra vez, hasta que la persona que intenta manipularnos se canse.

Por ejemplo, si alguien quisiera venderle una aspiradora que usted no necesita, podría convertirse en un buen disco rayado, diciendo: "No gracias, no la necesito", "No gracias, no la necesito", las veces que sean necesarias hasta que el vendedor comprenda que usted es un caso perdido.

El objetivo principal de la asertividad no es tanto cambiar el comportamiento del otro, aunque si se logra mejor, sino fortalecer la autoestima y autoafirmarse. Afortunadamente, el cumplimento de esta meta sólo depende de usted.

5. ¿Qué consecuencias negativas espero?

Como vimos en la parte 1, ser asertivo trae algunas consecuencias para las cuales es bueno estar preparado. Ya sabemos que en la mayoría de los casos a la gente no le va a gustar que usted sea asertivo. Así que las reacciones no van a ser de abrazos y besos: "¡Estoy feliz de que me hayas dicho lo que piensas!" Eso solamente se ve en las películas. Recuerde que el abusador se ofende cuando sus víctimas se rebelan. ¿Qué puede esperar? Las posibilidades son muchas.

Consecuencias negativas externas: agresión física o verbal, manipulación por culpa (chantaje y control emocional), interrupción, retirada de afecto, perder un amigo (si se pierde por ser honesto no lo era), consecuencias sociales o laborales, no lograr la meta, entre otras.

Consecuencias negativas internas: sentir culpa o lástima por herir los sentimientos de alguien, sentirse ridículo, sentirse ansioso, castigarse verbalmente, arrepentirse, etcétera.

La práctica enseña que cuando se logran niveles aceptables de asertividad, la capacidad de anticipar consecuencias negativas mejora sustancialmente.

Deténgase a pensar cuáles son las consecuencias negativas que usted espera de su interlocutor, haga una lista. Por ejemplo, tome en cuenta el conocimiento que tiene del receptor, la historia de la relación, el contexto en el cual emitirá el mensaje (dónde, cuándo y cómo lo va a decir) y prepárese para el siguiente punto.

6. ¿Tengo alternativas de respuesta claras a las consecuencias probables?

Esta pregunta es muy importante, porque usted puede disponer de todas las habilidades requeridas para ser asertivo y, aun así, no ser capaz de asumir el costo psicológico o no tener opciones de respuesta.

Para cada consecuencia esperada, intente planear algunas alternativas de respuesta. Por ejemplo:

a. Si lo que espera al ser asertivo es *agresión física*, y usted no es un karateca o algo parecido, descarte la asertividad; quizás haya métodos más indirectos y menos arriesgados.

b. Si lo que espera al ser asertivo es *agresión verbal*, no se detenga: las palabras incomodan pero no hacen daño físico. Diga el mensaje a todo pulmón, hágalo lo más explícito posible y retírese. No se preste a los insultos.

c. Si lo que espera al ser asertivo es una *tentativa de manipulación* por parte del receptor, lea la parte 2. Utilice la técnica de *banco de niebla*: haga de cuenta que es una nube y que los mensajes lo atraviesan. Piense que no hay un núcleo duro que atrape nada, todo sigue de largo, la cosa no es con usted. Puede ensayarlo en su casa, imagine que alguien intenta ofenderlo o manipularlo y que usted flota como un autista feliz, indiferente a lo que le dicen. Las palabras lo traspasan de lado a lado sin tocarlo.

d. Si lo que espera al ser asertivo es que un *amigo le retire su amistad*, ¡sea asertivo y verifique si en realidad se trataba de un buen amigo! Si se retira, no lo era.

e. Si lo que espera al ser asertivo es *rechazo social*, piense si prefiere tener muchos conocidos o pocos, pero verdaderos amigos. La asertividad siempre implica algún costo social. También es importante considerar si sus allegados o su familia pueden verse afectados por su decisión: téngalos en cuenta. No obstante, y a pesar de todo, si el club social al cual asiste o la imagen social es para usted más importante que su dignidad, no hay nada que hacer.

f. Si lo que espera al ser asertivo son *consecuencias negativas en lo laboral*, está en un grave dilema moral. Usted decide qué es negociable y qué no lo es. Pero recuerde que la mayoría de las personas que se han vendido al mejor postor al cabo de los años manifiestan que si la vida les diera otra oportunidad, no volverían a venderse.

g. Si lo que espera al ser asertivo es *sentir ansiedad*, recuerde lo que leyó en la parte 3. Usted puede hacerle frente.

h. Si lo que espera al ser asertivo es hacer el ridículo y que se burlen de usted, active su aceptación incondicional. Saque el amor propio y póngalo a rodar. Aunque a veces pueda *comportarse* de manera inadecuada, recuerde que no es lo mismo comportarse estúpidamente que *ser* un estúpido. Su esencia no es censurable.

i. Si lo que espera al ser asertivo es que el *receptor se sienta mal, llore o se deprima*, aplique una asertividad empática, amable y especialmente cuidadosa, pero no deje de ser asertivo. La lectura de la parte 2 le ayudará para este propósito.

Haga el ejercicio de inventar respuestas creativas a las consecuencias esperadas por ser asertivo. Ensáyelas mentalmente, juegue con ellas y diviértase.

7. La ejecución del comportamiento

Llegado a este punto, usted ya esta preparado para ser asertivo. Ya ha tomado la decisión, tiene claro qué derecho está defendiendo o ejerciendo, está anímicamente motivado, tiene definida una meta, ha previsto algunas consecuencias y posee alternativas de respuesta para hacerles frente. Ha recorrido cada paso del procesamiento de la información de manera lenta pero segura, tratando de comprender todo el proceso.

Ahora hay que estructurar el contenido verbal del mensaje asertivo. Lo que usted va a decir o, lo que es lo mismo, la meta expresada en forma verbal.

Puede escribirlo, leerlo en voz alta, pararse frente al espejo y ensayar. No importa que al principio sea mecánico y muy racional (está aprendiendo), con el tiempo se volverá espontáneo. Si dispone de una cámara de video, grábese usted mismo siendo asertivo, obsérvese, analice cada componente verbal y no verbal (la forma), tal como se explicó en la parte 3 y practique la conducta.

Realice ensayos imaginados. Busque un lugar cómodo, cierre los ojos y recree la situación provocadora. Imagínese siendo asertivo y reproduzca mentalmente cada componente de manera relajada. Si la ansiedad no lo deja, saque la mente de la situación un momento, piense en algo agradable, relájese y regrese nuevamente a la imagen donde usted está siendo asertivo. Hágalo varias veces hasta que el ensayo imaginario pueda hacerse sin ansiedad y con una buena organización de los componentes. La preparación imaginaria le dará más seguridad a la hora de ejecutar la conducta *in situ*.

No posponga la ejecución real. Cuando crea que esté listo, sea atrevido y arriésguese, autoobsérvese y evalúe su desempeño de la manera más objetiva posible, es decir, sin lastimarse.

8. Autoevaluación

Después de ejecutar la conducta asertiva, haga una recopilación de lo que hizo bien y lo que hizo mal. Evalúe si la meta se cumplió, si falló en alguno de los siete pasos mencionados de la guía, considere los puntos débiles y las fortalezas y felicítese por haberlo intentado. El autorrefuerzo garantiza una mejor ejecución la próxima vez. Usted ha sido asertivo.

REFERENCIAS BIBLIOGRÁFICAS

1 Pennebaker, J. W. (1997). *Opening Up: The Healing Power of Expressing Emotions.* Nueva York: The Guilford Press.

2 Temoshok, L. y Dreher, H. (1992). *The Type C Connection.* Nueva York: Random House.

3 Buela-Casal, G., y Moreno, S. (1999). "Intervención psicológica en cáncer". En, M. A. Simón (Ed.), *Manual de psicología de la salud.* Madrid: Biblioteca Nueva

4 Safran, J. D., y Segal, Z. V. (1990). *Interpersonal Process in Cognitive Therapy.* Nueva York: Basic Books.

5 Alberti, R. E., y Emmons, M. L. (1978). *Your Perfect Right: A Guide to Assertive Behavior.* California: Impact.

6 Lange, A., y Jakubowoski, P. (1976). *Responsible Assertive Behavior.* Champaign (II): Research Press.

7 D'Zurrilla, T. J. (1986). *Problem-Solving Therapy: A Social Competence Approach to Clinical Intervention.* Nueva York: Springer.

8 Nezu, A. M., Nezu, C. M., y Perri, M. G. (1989). *Problem-Solving Therapy for Depression: Theory, Research and Clinical Guidelines.* Nueva York: Wiley.

9 Lazarus, R. S., y Folkman, S. (1986). *Estrés y procesos cognitivos.* Barcelona: Ediciones Martínez Roca.

10 Lazarus, R. S. (2000). *Estrés y emoción.* Bilbao: Desclée de Brouwer.

11 Savater, F. (1996). *El contenido de la felicidad.* Madrid: Taurus.

12 Goldstein, A. P., Sprafkin, R. P., Gershaw, J. N., y Klein, P. (1989). *Habilidades sociales y autocontrol en la adolescencia.* Barcelona: Ediciones Martínez Roca.

13 Caballo, V. E. (1993). *Manual de evaluación y entrenamiento en habilidades sociales*. Madrid: Siglo XXI.

14 Mueser, T. K. (1997). "Tratamiento cognitivo-conductual de la esquizofrenia". En V. E. Caballo (Dir.), *Manual para el tratamiento cognitivo-conductual de los trastornos psicológicos* (Vol. 1). Madrid: Siglo XXI.

15 Fromm, Erich. (1998). *El corazón del hombre*. Bogotá: Fondo de Cultura Económica.

16 Sartre, J. P. (1992). *El existencialismo es un humanismo*. Barcelona: Edhasa.

17 Riso, W. (1985). "La percepción social de la conducta asertiva". *Revista de Análisis del Comportamiento*, 2, 285-195.

18 Rothbart, M., y Lewis. S. (1994). "Cognitive Processes and Intergroup Relationes: A Historical Perspectives". En P. G. Devine, D. L. Halmiton y T. M. Ostrom (Eds.), *Social Cognition Impact on Social Psychology*. California: Academic Press.

19 Sanz, J., y Vázquez, C. (1995). "Trastornos del estado de ánimo: Teorías psicológicas". En, A. Belloch, B. Sandín y F. Ramos (Eds.), *Manual de psicopatología* (Vol. 2). Madrid: MacGraw Hill.

20 Savater, F. (1999). *Las preguntas de la vida*. Barcelona: Ariel.

21 Villacañas, L. J. (1999). "Kant". En V., Camps (Ed.), *Historia de la ética*. Barcelona: Crítica.

22 Dalai Lama (2000). *El arte de vivir en el nuevo milenio*. Barcelona: Grijalbo, p. 112.

23 *Millon, T. (1999)*. Trastornos de la personalidad. Barcelona: Masson.

24 Turkt, I. D. (1990). *The Personality Disorders*. Nueva York: Pergamon.

25 Buela-Casal, G., y Carrobles, J. A. (1996). "Concepto de psicología clínica, medicina conductual y psicología de la salud". En G. Buelacasal, V. E. Caballo y J. C. Sierra (Eds.), *Manual de evaluación en psicología clínica y de la salud*. Madrid: Siglo XXI.

26 Palmero, F., y Fernadez-Abascal, E. G. (1998). *Emociones y adaptación*. Barcelona: Ariel.

27 Epistein, N., y Baucom, D. H. (1993). "Cognitive Factors in Marital Disturbance". En K. S. Dobson y P. C. Kendall (Eds.), *Psychopathology and Cognition*. Nueva York: Academic Press.

28 Nonet, J. L. y Castilla, D. C. (1998). "Un programa estructura para el tratamiento de los problemas de pareja". En V. E. Caballo, *Manual para el tratamiento cognitivo-conductual de los trastornos psicológicos*. Madrid: Siglo XXI.

29 V. E. Caballo, Verania, A., y Bas, F. (1997). "Fobia social". En V. C. Caballo (Ed.), *Manual para el tratamiento cognitivo-conductual de los trastornos psicológicos* (Vol. I). Madrid: Siglo XXI.

30 Lnage. A. J. (1981). "Entrenamiento cognitivo-conductual de la asertividad". En A. Ellis y R. Grieger, *Manual de terapia racional-emotiva*. Bilbao: Desclée De Brouwer.

31 Castanyer, O. (1999). *La asertividad: Expresión de una buena autoestima*. Bilbao: Desclée De Brouwer.

32 Smith, M. J. (1977). *Cuando digo no, me siento culpable*. Barcelona: Grijalbo.

33 Voltaire. (1999). *Tratado de la intolerancia*. Barcelona: Crítica, p. 39.

34 Kant, E. (1996). *Fundamentos de la metafísica de las costumbres*. Madrid: Espasa Calpe.

35 Mtichell, H. B. (1998). *Raíces de la sabiduría*. México: International Thomson Editores.

36 Riso, W., Perez, G. M., Roldán, L., y Ferrer, A. (1988). "Diferencias de ansiedad social, creencias irracionales y variables de personalidad, en sujetos altos y bajos en asertividad (tanto en oposición como en afecto)". *Revista Latinoamericana de Psicología*, 20, pp. 391-400.

37 Riso, W. (1987). "Factores conceptuales y explicativos de la conducta asertiva". *Revista de Análisis del Comportamiento*, 3, pp. 217-222.

38 Riso, W. (1988). *Entrenamiento asertivo*. Medellín: Rayuela.

39 Gil, F., y García, M. (1993). *Manual de técnicas de modificación y terapia de la conducta*. Madrid: Pirámide.

40 Tangney, P. J. (1995), "Shame and guilt in interpersonal relationships". En J. P. Tangney y K. W. Fisher (Eds.), *Self-conscious emotions*. Nueva York: The Guilford Press.

41 Montada, L., y Schneider, A. (1989). "Justice and emotional reactions of the disadvantaged". *Social Justice Research*, 3, pp. 313-344.

42 Johnson, R., Danko, G. P., Huang, Y., Park, J. Y., Johnson, S. B., y Nagoshi, C.T. (1987). "Guilt, shame and adjustment in three cultures". *Personality and Individual Differences*, 8, pp. 357-364.

43 Schopenhauer, A. (1983). *El arte del buen vivir.* Madrid: Edaf, p. 125.

44 Zahn-Waxler, C., Radke-Tarrow, M., Wagner, E., y Chapman, M. (1992). "Development of concern for other". En *Development Psychology*, 28, pp. 126-136.

45 Wallbott, H. G., y Scherer, R. K. (1995). "Cultural determinants in experiencing shame and guilt". En J. P. Tangney y K. W. Fisher (Eds.), *Selfconscious emotions*. Nueva York: The Guilford Press.

46 Youg, J. E. (1994). *Cognitive therapy for personality disorders: A schemafocused approcah.* Sarasota, FL: Professional Resourse Press.

47 McGinn, L. K. y Young, J. E. (1996). "Schema-focused therapy". En P. M. Salkovskis (Ed.), *Frontiers of cognitive therapy.* Nueva York: The Guilford Press.

48 Fromm, E. (1992). *El humanismo como utopía real.* Buenos Aires: Paidós, p. 113.

49 Hughes, H. C., Martsof, D. S., y Zeller, R. A. (1998). "Development and testing of the codependency assessment tool". En *Arch Psychiatr Nurs*, 5, pp. 264-272.

50 Hughes, H. C., Martsof, D. S., y Zeller, R. A. (1998). "Depression and codependency in women". *Arch Psychiatr Nurs*, 6, pp. 326-334.

51 Beattie, M. (1992). *Libérate de la codependencia*. Málaga: Sirio.

52 Beck, A. T., Wright, F. D., Nuevaman, C. F., y Liese, B. S. (1999). *Terapia cognitiva en las drogodependencias.* Barcelona: Paidós.

53 Stein, D. J., y Young, J. E. (1992). "Schema approach to personality disorders". En D. J. Stein y J. E. Young (Eds.), *Cognitive science and clinical disorders*. Nueva York: Academic Press.
54 Aristóteles (1998). *Ética para Nicómaco. Ética eudemia*. Madrid: Biblioteca Clásica Gredos.
55 Cicerón (1998). "Del supremo bien y del supremo mal". En *Tratados morales*. Barcelona: Océano.
56 Spinoza (1995). *Ética*. Madrid: Alianza.
57 Entralgo, P. L. (1993). *Creer, esperar, amar*. Barcelona: Círculo de Lectores Galaxia Gutenberg.
58 Comte-Sponville, A. (1997). *Pequeño tratado de las grandes virtudes*. Barcelona: Editorial Andrés Bello, p. 164.
59 Epicuro (1995). *Cartas a Meneceo*. Madrid: Cátedra, p. 129.
60 Caffarena, J. G. (1999). "El cristianismo y la filosofía moral cristiana". En V. Camps (Ed.), *Historia de la ética* (Vol I). Barcelona: Crítica.
61 Peri, J. M., y Torres, X. (1999). "Modelos cognitivos y trastornos de ansiedad". *Ansiedad y estrés*, 5, pp. 285-298.
62 Kaplan, H. I., y Sadock, B. J. (1999). *Sinopsis de Psiquiatría*. Madrid: Editorial Médica Panamericana.
63 Ellison, J. M. (1996). *Integrative treatment of anxiety disorders*. Washington: American Psychiatric Press.
64 Harris, P. R. (1990). "Shyness and embarrassament in psychological theory and ordinary languaje". En W. R. Crozier (Ed.), *Shyness and embarrassament*. Nueva York: Cambridge University Press.
65 Parrot, W. G., y Smith, S. F. (1991). "Embarrassment: Actual vs typical cases, classical versus portotypical representations". En *Cognitive and Emotions*, 5, pp. 467-488.
66 Lewis, M. (1993). "Self-conscious emotions: embarrasment, pride, shame, and guilt". En M. Lewis y J. M. Haviland (Eds.), *Handbook of emotions*. Nueva York: The Guilford Press.
67 Sperry, L. (1999). *Cognitive behavior therapy of DSM-IV personality disorders*. Philadelphia: Brunner/Mazel.
68 Beck, A. T., y Freeman, A. (1995). *Terapia cognitiva de los trastornos de personalidad*. Buenos Aires: Paidós.

69 Tangney, J. P., Wagner, P.E., Flechter, C., y Gramsow, R. (1992). "¿Shamed into anger? The relation of shame and guilt to anger and self-reported aggression". En *Journal of Personality and Social Psychology*, 62, pp. 669-675.

70 Kendler, K. S., Neale, M. C., y Kessler, R. C. (1992). "The genetic epidemiology of phobias in women: the interrelationship of agoraphobia, social phobia, situational phobia, and *simple* phobia". *Arch Gen Psychiatric*, 49, pp. 272-281.

71 Bowlby, J. (1990). *La pérdida afectiva*. Buenos Aires: Paidós.

72 Bruch, M. A., y Heimberg, R. G. (1994). "Differences in perceptions of parental and personal characteristics between generalized and nongeneralized social phobics". *J Anxiety Disord*, 8, pp. 155-168.

73 Beidel, D. C. (1998). "Social anxiety disorder: etiology and early clinical presentation". *J Clin Psychiatry*, 17, pp. 27-31.

74 Ferguson, T. J., y Stegge, H. (1995). "Emotional states and traits in children: the case of guilt and shame". En J. P. Tangeney y K. W. Fisher (Eds.), *Self-conscious emotions*. Nueva York: The Guilford Press.

75 Fivush, R., y Hudson, J. A. (1996). *Conocimiento y recuerdo en la infancia*. Madrid: Visor Distribuciones.

76 Philippot, P., y Schaefer, A. (2001). "Emotion and memory". En T. J. Mayne y G. A. Bonano (Eds.), *Emotions*. Nueva York: The Guilford Press.

77 Ellis, A. (2000). *Vivir en una sociedad irracional*. Buenos Aires: Paidós, p. 132.

78 MacIntyre, A. (2001). *Animales racionales y dependientes*. Barcelona: Paidós, p. 184.

79 Heimberg, R. G., Dodge, C. S., y Becker, R. E. (1987). "Social phobia". En L. Michelson y L. M. Ascher (Eds.), *Anxiety and stress disorders*. Nueva York: Guilford.

80 Learly, M. R., Kowalski, R. M., y Champbell, C. (1988). "Self-presentational concerns and social anxiety: The role of generalized impression expectatives". *Journal of Research in Personality*, 22, pp. 308-321.

81 Learly, M. R., y Kowalski, R. M. (1995). "The self-presentation model of social phobia". En R. Heimberg, M. Liebowitz, D. Hope,

y F. Schneier (Eds.), Social phobia: *Diagnosis, assessment, and treatment*. Nueva York: Guilford Press.

82 Esteves, F. (1999). "Sesgos en el procesamiento de expresiones faciales". *Ansiedad y estrés*, 5, pp. 217-227.

83 Öhman, A., Dimberg, U., y Öst, L. G. (1985). "Animal and social phobias: Biological constraints on learned fear responses". En S. Reiss y R. R. Bootzin (Eds.), *Theoretical issues in behavior therapy*. Nueva York: Academic Press.

84 Hansen, C. H., y Hansen, R. D. (1988). "Finding the face in the crowd; Ab anger superiority effect". *Journal of Personality and Social Psychology*, 54, pp. 917-924.

85 Learly, M. R., y Kowalski, R. M. (1990). "Impression management: A literature review and two-component model". *Psychological Bulletin*, 107, pp. 34-37.

86 Eysenck, M. W. (1999). Cognitive biases in social phobia. *Ansiedad y estrés*, 5, pp. 275-284.

87 Mathews, A., y Mackintosh, B. (1998). "A cognitive model of selective proccessing in anxiety". *Cognitive Therapy and Research*, 22, pp. 539-560.

88 Chambless, D. L., y Fope, D. A. (1996). "Cognitive approaches to the psychopathology and treatment of social phobia". En P. M. Salkovskis (Ed.), *Frontiers of cognitive therapy*. Nueva York: The Guilford Press.

89 Leary, M. R., y Kowalski, R. M. (1995). *Social Anxiety*. Nueva York: The Guilford Press.

90 Izard, C. E. (1991). *The psychology of emotions*. Nueva York: Plenum Press.

91 Beck, A., y Emery, G. (1985). *Anxiety disorders and phobias*. Nueva York: Basic Books.

92 Alloy, L. B., y Abramson, L. Y. (1988). "Depressive realism: Four theoretical perpectives". En L. B. Alloy (Ed.), *Cognitive processes in depression*. Nueva York: Guilford Press.

93 Kawamura, K. Y., Hunt, S. L., Frost, R. O., y DiBartoto, P. M. (2001). "Perfectionism, anxiety and depression: are the relationships independent?". *Cognitive, Therapy and Research*, 25, pp. 291-301.

94 Salkovskis, M. P. (1996). *Frontiers of cognitive therapy*. Nueva York: The Guilford Press.

95 Riso, W. (1992). *Depresión*. Medellín: C. E. A. P. C.

96 Mansell, W., y Clark, D. M. (1999). "How do I appear to others? Social anxiety and processing of the observable self ". *Behaviour Research and Therapy*, 37, pp. 419-434.

97 Conger, J. C., y Conger. A. (1982). "Components of heterosocial competence". En J. P. Curran y P. M. Monti (Eds.), *Social skill Training: A practical handbook for assesstment and treatment*. Nueva York: Guilford Press.

98 Caballo, V. E. (1996). "Evaluación de las habilidades sociales". En G. Buela-Casal, V. E. Caballo y J. C. Sierra, *Manual de evaluación en psicología clínica y de salud*. Madrid: Siglo XXI.

99 Monteith, M. J., Zuwerink, J. R., y Devine, P. G. (1994). "Prejudice and Prejudice rediction: Classic challenges, contemporary approaches". En P. G. Devine, D. L. Hamilton y T. M. Ostrom (Eds.), *Social cognition impact on social psychology*. Nueva York: Academic Press.

100 Potter-Efron, R. T. (1989). Shame, Guilt and Alcoholism: *Treatment issues in clinical practice*. Nueva York: Haworth Press.

101 Singer, R. D., y Singer, A. (1971). *Psicología infantil: Evolución y desarrollo*. Mexico: Interamericana.

102 Crook, T., Raskin, A., y Elliot, J. (1981). "Parent-child relationships and adult depression". *Child Developmen*t, 52, pp. 950-951.

103 Séneca (1982). *Cartas a Lucilo*. Barcelona: Editorial Juventud.

104 Piatelli, P. M. (1995). *Los túneles de la mente*. Barcelona: Grijalbo-Mondadori.

105 Riso, W. (1996). *La terapia cognitivo-informaciona*l. Medellín: C. E. A. P. C.

106 Stein, D. J., y Young, J. E. (1992). *Cognitive science and clinical disorders*. Nueva York: Academic Press.